MAKAN SCANDINAVIAN TERBONGKAR

Menghasilkan 100 Perisa Scandinavia Asli dari Gores

HARLEY NEWTON

Bahan Hak Cipta ©2023

Hak cipta terpelihara

Tiada bahagian buku ini boleh digunakan atau dihantar dalam apa jua bentuk atau dengan apa cara sekalipun tanpa kebenaran bertulis yang sewajarnya daripada penerbit dan pemilik hak cipta, kecuali petikan ringkas yang digunakan dalam semakan. Buku ini tidak boleh dianggap sebagai pengganti nasihat perubatan, undang-undang atau profesional lain.

ISI KANDUNGAN

ISI KANDUNGAN 3
PENGENALAN 6
SARAPAN 7
   1. KRUMKAKE NORWAY 8
   2. WAFEL SAFRON SWEDEN 11
   3. PANCAKE SWEDEN 13
   4. ROTI KRISMAS NORWAY 15
   5. PANCAKE NORWAY 17
   6. MUFFIN KISMIS RUM DENMARK 19
   7. SALAD TELUR DENMARK 21
   8. ROTI SAFFRON SWEDEN (SAFFRANSBRÖD) 23
   9. HIDANGAN HASH SWEDEN 26
   10. PANCAKE KETUHAR SWEDEN 28
   11. ROTI RAI DENMARK 30
   12. LEFSA (ROTI KENTANG NORWAY) 32
   13. BIJIRIN RAI DENMARK 34
   14. ROTI PIPI SWEDEN 36
   15. ROTI BIR SWEDEN 38
   16. RAGGMUNK (SWEDISH POTATO PANCAKES) 41
   17. FETA DENMARK DAN WAFEL BAYAM 43
   18. TELUR, HAM DAN KEJU CREPES 45
   19. ROTI BOLLER NORWAY 47
KUDAPAN 49
   20. KRINGLER DENMARK 50
   21. DANISH AEBLESKIVER 52
   22. SWEDISH ANISWE TWISTS 54
   23. DANDIES DENMARK (DANSKE SMAKAGER) 56
   24. PEMBUKA SELERA BEBOLA DAGING SWEDEN 58
   25. KACANG BERGULA NORWAY 60
   26. SIPUT DENMARK 62
   27. BAR ALMOND NORWAY 64
   28. BEBOLA DAGING AYAM NORWAY 66
   29. BEBOLA DAGING NORWAY DALAM JELI ANGGUR 68
COOKIES 70
   30. CAMPURAN KUKI TOPI NAPOLEON 71
   31. FATTIGMANN (KUKI KRISMAS NORWAY) 73
   32. BULAN SABIT KRISMAS SWEDEN 75
   33. PEPPARKAKOR (KUKI HALIA SWEDEN) 77
   34. SWEDISH THUMB COOKIES 79
   35. KUKI OATMEAL SWEDEN 81
   36. KUKI MENTEGA SWEDEN 84
   37. KUKI SPRITZ SWEDEN 86
   38. KUKI HALIA SWEDEN 88
   39. SWEDISH ORANGE ORANGE GINGERSNAPS 90

40. Kuki Molase Norway 92
41. Bulan Sabit Almond Sweden 94
SOSEJ 96
42. Danish Liverwurst 97
43. Sosej Babi Denmark 99
44. Sosej Kentang Sweden 101
45. Tanduk Oxford Denmark 103
46. Sosej Norway 105
KURSUS UTAMA 107
47. Swedish Janssons Frestelse Lasagna 108
48. Dilled Swedish Veal Roast 110
49. Hamburger dengan Bawang, Gaya Sweden 113
50. Salmon Rebus Norway dengan Mentega Ikan Bilis ... 115
51. Roti Daging Sweden 117
52. Daging Panggang Swedish Dilled 119
53. Gravlax (Swedish Gula dan Salt Cured Salmon) 121
54. Salad Ayam Sweden 124
55. Salmon Awet Juniper Norway 126
56. Stik Gaya Sweden 128
57. Sup Kacang Norway 130
58. Salmon Dengan Bawang Bakar 132
SISI DAN SALAD 135
59. Salad Daging Norway 136
60. Bawang Rangup Denmark 138
61. Tomato Panggang Keju Feta Denmark 140
62. Lobster Norway dengan Salad Kentang dan Krim 142
63. Kacang Bakar Sweden 145
64. Epal Bakar Norway 147
65. Gulung Kubis Denmark 149
66. Swedish Cole-Slaw dengan Adas 151
67. Rutabagas Sweden 153
68. Salad Timun Denmark 155
69. Kentang Parsley Norway 157
SUP BUAH-BUAHAN 159
70. Sup Epal Denmark 160
71. Sup Blueberry Norway 162
72. Sup Epal Denmark dengan Buah dan Wain 164
73. Sup Manis Denmark 166
74. Sup Buah Norway (Sotsuppe) 168
PENJERAHAN 170
75. Buah Sweden dalam Minuman Keras 171
76. Tart Konungens Pencuci Mulut Coklat Sweden 173
77. Pai Keju Biru Denmark 176
78. Puding Badam Norway 178
79. Kek Span Sweden 180
80. Vegan Swedish Cinnamon Rolls (Kanelbullar) 182

81. Kek Kopi Puff Sweden 185
82. Kastard Keju Sweden 187
83. Krim Sweden dengan Beri 189
84. Kon Denmark 191
85. Puding Krismas Norway 193
86. Swedish Lingonberry Pavlova 195
87. Kek Coklat Sweden 197
88. Kek Kopi Norway "Kringlas" 199
89. Kek Epal Dan Prun Denmark 201
90. Pencuci mulut Norwegian Rhubarb 203
91. Swedish Tosca 205
92. Risiko Norway 208
93. Fondue Denmark 210
94. Pai Keju Sweden 212
95. Tart salmon Norway 214

MINUMAN **217**
96. God Hammer 218
97. Doktor 220
98. Campuran Kopi Sweden 222
99. Lembing Sweden 224
100. Kopi Denmark 226

KESIMPULAN **228**

PENGENALAN

Di alam "MAKAN SCANDINAVIAN TERBONGKAR" yang mempesonakan, kami mengundang jemputan hangat untuk menyelami citarasa Utara yang menawan, di mana seni memasak buatan awal mengubah setiap hidangan menjadi karya kulinari. Buku masakan ini berfungsi sebagai pintu masuk untuk menerokai permaidani yang kaya dengan masakan Scandinavia, membongkar rahsia dan tradisi yang telah meningkatkan kelazatan utara ini ke alam daya tarikan masakan. Bayangkan fjord yang tenang, hutan menghijau, dan dapur intim Scandinavia, di mana setiap hidangan adalah simfoni kesederhanaan, kesegaran dan hubungan yang mendalam dengan khazanah semula jadi di rantau ini. "MAKAN SCANDINAVIAN TERBONGKAR" bukan sekadar kompilasi resipi; ia adalah panduan yang komprehensif, memberi isyarat kepada anda untuk mencipta 100 perisa Scandinavia asli dalam keselesaan dapur anda sendiri—suatu perjalanan yang membawa intipati Utara terus ke meja anda. Semasa anda memulakan pengembaraan masakan ini, persiapkan diri untuk membuka kunci potensi penuh dapur anda. Bergembiralah dengan penemuan bekerja dengan bahan-bahan sumber tempatan , mengasah teknik yang dihormati masa, dan menyemai ciptaan anda dengan kemesraan dan keaslian yang mentakrifkan nadi masakan rumah Scandinavia. Sama ada anda tertarik dengan simfoni smørrebrød yang enak atau tarikan manis hidangan Nordic, setiap resipi dalam halaman ini merupakan portal kepada jiwa Utara—tempat di mana setiap suapan menceritakan kisah kekayaan budaya dan warisan masakan.

Sertai kami dalam pendedahan rahsia yang tersembunyi di dalam hati makanan Scandinavia. Setiap ciptaan calar adalah penghormatan yang tulus kepada daya tarikan gastronomi Nordic yang kekal, di mana keaslian berkuasa. Semoga dapur anda bergema dengan aroma dill yang menenangkan, intipati rai yang tidak dapat disangkal, dan kepuasan semata-mata yang diperoleh daripada menghasilkan perisa asli ini dengan tangan anda sendiri.

Jadi, biarkan pengembaraan masakan terbentang. Semoga "MAKAN SCANDINAVIAN TERBONGKAR" menjadi panduan anda, membawa anda melalui keajaiban gustatory of the North, dan semoga dapur anda selama-lamanya disemai dengan semangat hospitaliti Nordic dan daya tarikan abadi dari hidangan Scandinavia buatan calar. Skål!

SARAPAN PAGI

1. Krumkake Norway

BAHAN-BAHAN:
- 1 cawan tepung serba guna
- ½ cawan gula pasir
- 2 biji telur besar
- ½ cawan mentega tanpa garam, cair
- ½ cawan krim berat
- ½ sudu teh buah pelaga (pilihan)
- ½ sudu teh ekstrak vanila
- Gula tepung untuk habuk (pilihan)

PERALATAN KHAS:
- Besi krumkake (pembuat kon wafel khas)
- Penggelek kon Krumkake (untuk membentuk wafel menjadi kon)

ARAHAN:

a) Dalam mangkuk adunan, pukul bersama tepung dan gula.
b) Dalam mangkuk yang berasingan, pukul telur. Masukkan mentega cair, krim kental, buah pelaga (jika guna), dan ekstrak vanila. Pukul sehingga sebati.
c) Tuangkan bahan basah ke dalam bahan kering dan pukul sehingga menjadi adunan yang licin. Adunan hendaklah sama konsisten dengan adunan pancake.
d) Panaskan seterika krumkake anda mengikut arahan pengilang.
e) Lumurkan sedikit seterika krumkake panas dengan semburan masak atau mentega cair.
f) Sendukkan kira-kira 1 sudu besar adunan pada bahagian tengah seterika dan tutup rapat.
g) Masak krumkake selama kira-kira 20-30 saat atau sehingga perang keemasan. Perhatikan dengan teliti untuk mengelakkan pembakaran.
h) Keluarkan krumkake dari seterika dengan berhati-hati menggunakan garpu atau spatula dan segera gulungkannya menjadi bentuk kon menggunakan penggelek kon krumkake. Berhati-hati, kerana krumkake akan menjadi panas.
i) Letakkan krumkake yang digulung pada rak dawai untuk menyejukkan dan tetapkan. Ia akan menjadi garing apabila ia sejuk.
j) Ulangi proses dengan adunan yang tinggal, sapukan seterika setiap kali.
k) Setelah kon krumkake telah sejuk dan menjadi rangup, anda boleh taburkannya dengan gula tepung, jika mahu.
l) Hidangkan kon krumkake seadanya atau isi dengan krim putar, awet buah atau inti manis lain pilihan anda.
m) Simpan sebarang sisa krumkake dalam bekas kedap udara untuk mengekalkan kerangupannya.

2.Wafel Safron Sweden

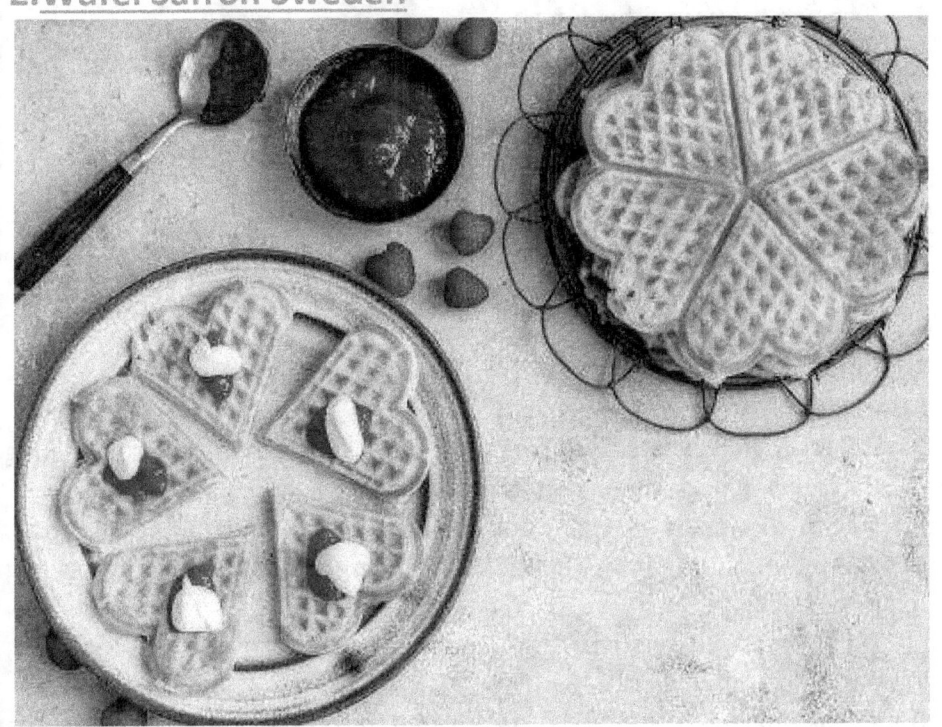

BAHAN-BAHAN:
- 2 cawan tepung serba guna
- ½ cawan gula pasir
- 1 sudu besar serbuk penaik
- ¼ sudu teh garam
- ½ sudu teh buah pelaga tanah
- ½ sudu teh benang kunyit
- 2 ½ cawan susu
- ½ cawan mentega tanpa garam, cair dan sejuk
- 2 biji telur besar
- Krim putar dan jem lingonberry, untuk hidangan (pilihan)

ARAHAN:
a) Dalam mangkuk kecil, hancurkan benang kunyit menggunakan lesung dan alu sehingga mengeluarkan aroma dan warnanya.
b) Dalam mangkuk adunan yang besar, pukul bersama tepung, gula, serbuk penaik, garam, buah pelaga yang dikisar, dan kunyit yang dihancurkan.
c) Dalam mangkuk yang berasingan, pukul bersama susu, mentega cair, dan telur sehingga sebati.
d) Tuangkan bahan basah ke dalam bahan kering dan pukul sehingga menjadi adunan yang licin. Adunan harus mempunyai konsistensi yang boleh dituang.
e) Tutup adunan dan biarkan ia berehat pada suhu bilik selama kira-kira 30 minit untuk membenarkan rasa sebati.
f) Panaskan seterika wafel anda mengikut arahan pengilang.
g) Lumurkan sedikit seterika wafel panas dengan semburan masak atau mentega cair.
h) Tuangkan sebahagian daripada adunan ke bahagian tengah seterika, menggunakan jumlah yang disyorkan mengikut saiz seterika wafel anda.
i) Tutup seterika wafel dan masak sehingga wafel kunyit berwarna perang keemasan dan garing.
j) Keluarkan wafel kunyit dari seterika dengan berhati-hati dan letakkan di atas rak dawai untuk menyejukkan sedikit.
k) Ulangi proses dengan adunan yang tinggal, sapukan seterika setiap kali.
l) Hidangkan wafel kunyit hangat, sama ada seperti sedia ada atau dengan sebiji krim putar dan satu sudu jem lingonberi di atasnya.

3.Pancake Sweden

BAHAN-BAHAN:
- 4 biji telur lebih besar, diasingkan
- 1 cawan tepung serba guna
- 1/2 sudu teh garam
- 2 sudu besar gula putih
- 1 cawan susu
- 3 sudu besar krim masam
- 4 biji putih telur
- 3 sudu besar minyak sayuran

ARAHAN:

a) Pukul kuning telur dalam mangkuk adunan bersaiz sederhana sehingga ia menjadi pekat. Ayak bersama gula, garam dan tepung dalam mangkuk yang berasingan. Masukkan campuran gula dan susu secara beransur-ansur ke dalam kuning telur yang telah dipukul. Campurkan krim masam.

b) Pukul putih telur dalam mangkuk adunan bersaiz sederhana, pastikan ia tidak kering, tetapi kaku. Lipat putih telur ke dalam adunan.

c) Tuangkan sedikit minyak ke dalam kuali atau griddle yang dipanaskan pada suhu tinggi. Masukkan lebih kurang 1 sudu besar adunan ke dalam kuali dan ratakan adunan. Panaskan penkek sehingga perang sebelah.

d) Balikkan lempeng apabila permukaannya mengandungi buih. Panaskan bahagian lain sehingga ia menjadi perang dan ulangi proses ini dengan baki adunan.

4.Roti Krismas Norway

BAHAN-BAHAN:
- 2 pek yis kering
- ½ cawan air suam
- 1 sudu teh Gula
- 1 cawan Susu, melecur
- ½ cawan Mentega
- 1 biji telur, dipukul
- ½ cawan Gula
- ½ sudu teh Garam
- ¾ sudu teh buah pelaga
- 5 cawan Tepung, lebih kurang
- ½ cawan Citron, potong
- ½ cawan ceri manisan, potong
- ½ cawan kismis putih

ARAHAN:

a) Larutkan yis dalam air suam dengan sedikit gula.

b) Susu panas dan tambah mentega; sejuk hingga suam. Masukkan telur dan kemudian bancuhan yis.

c) Masukkan gula, garam, dan buah pelaga. Pukul dalam 2 cawan tepung dan gaul rata.

d) Campurkan buah dengan sedikit tepung yang tinggal untuk mengelakkan melekat dan masukkan ke dalam adunan.

e) Masukkan baki tepung. Uli di atas kain yang telah ditabur tepung sehingga rata. Letakkan dalam mangkuk yang telah digris. Tutup dan biarkan naik sehingga naik dua kali ganda.

f) Bahagikan doh kepada dua bahagian dan bentukkan roti bulat. Letakkan di atas kepingan biskut yang telah digris atau kuali pai. Biarkan mengembang sehingga hampir dua kali ganda.

g) Bakar pada suhu 350 darjah Fahrenheit selama 30 hingga 40 minit.

h) Semasa suam, sapu dengan mentega lembut atau hias dengan serbuk gula aising yang dicampur dengan perasa badam, kemudian masukkan badam dan lebih banyak ceri manisan.

5.Pancake Norway

BAHAN-BAHAN:
- 1 sudu besar mentega cair
- ⅔ cawan Susu
- 2 biji kuning telur
- 2 putih telur
- ¼ cawan krim pekat
- 1 sudu teh serbuk penaik
- ½ cawan Tepung

ARAHAN:
a) Campurkan tepung, serbuk penaik, susu, dan kuning telur ke dalam adunan licin yang bagus.
b) Masukkan krim dan mentega cair.
c) Pukul putih telur hingga kembang, kemudian masukkan ke dalam adunan.
d) Goreng adunan dalam kuali bersaiz 8-12".
e) Apabila digoreng, sapukan apa-apa jenis jem pada pancake, kemudian lipat menjadi empat dan hidangkan sebagai pencuci mulut.

6.Muffin Kismis Rum Denmark

BAHAN-BAHAN:
- 1 cawan Kismis
- 1 cawan rum gelap
- 2 cawan Tepung
- ½ cawan Gula
- 1½ sudu teh serbuk penaik
- ½ sudu teh Baking soda
- ¼ sudu teh Garam
- ¼ sudu teh Pala
- ¾ Lekatkan mentega
- 1 cawan krim masam
- 1 biji telur
- ¾ sudu teh Vanila

ARAHAN:

a) Rendam kismis dalam rum semalaman. Toskan dan simpan rum.
b) Dalam mangkuk besar, campurkan tepung bahan kering, gula, serbuk penaik, soda penaik, garam, dan pala.
c) Potong mentega sehingga ia menyerupai tepung kasar.
d) Campurkan kismis yang telah ditoskan.
e) Dalam mangkuk yang berasingan, pukul bersama krim masam, telur, vanila, dan 2 sudu besar rum sehingga licin.
f) Buat perigi dalam bahan kering dan tuangkan adunan basah.
g) Isi loyang muffin ¾ penuh dengan adunan.
h) Bakar dalam ketuhar 375°F (190°C) yang telah dipanaskan terlebih dahulu sehingga perang, kira-kira 20 minit.

7.Salad Telur Denmark

BAHAN-BAHAN:
- ½ paun kacang polong beku
- 1 tin (2.25-oz) udang kecil
- 6 biji telur; direbus selama 10 minit
- 3 auns salmon salai
- 1½ auns Mayonis
- 4 auns krim masam
- Garam & lada sulah secukup rasa
- 1 secubit Gula
- ¼ Lemon; jus daripada
- ½ tandan pasli; dicincang
- 1 buah tomato
- Sedikit pasli

ARAHAN:
a) Masak kacang mengikut arahan pakej; toskan dan biarkan sejuk.
b) Toskan udang.
c) Kupas dan potong telur rebus.
d) Potong salmon salai menjadi jalur kecil.
e) Campurkan semua bahan.
f) Sediakan perapan dengan menggabungkan mayonis, krim masam, garam, lada, gula, pasli cincang, dan jus lemon secukup rasa.
g) Campurkan semua bahan dengan teliti dan simpan dalam peti sejuk selama 10-15 minit.
h) Kupas tomato dan potong menjadi kepingan.
i) Hiaskan salad dengan potongan pasli.

8.Roti Saffron Sweden (Saffransbröd)

BAHAN-BAHAN:
- ½ sudu teh benang kunyit kering
- 1 cawan separuh dan separuh
- 2 sampul yis kering
- ¼ cawan air suam
- 1 sudu besar gula
- ⅓ cawan gula
- 1 sudu teh garam
- ⅓ cawan mentega tanpa garam
- 1 biji telur, dipukul
- 4 cawan tepung diayak, atau mengikut keperluan
- 1 biji kuning telur dipukul dengan 1 sudu besar susu
- 1 putih telur, dipukul
- Kismis atau kismis, untuk hiasan
- Gula ketul, hancur
- Badam parut yang telah dicelur

ARAHAN:
a) Hancurkan kunyit kering hingga menjadi serbuk halus dan curam dalam 1 atau 2 sudu besar separuh suam dan separuh selama 10 minit.
b) Taburkan yis ke dalam ¼ cawan air suam, tambah 1 sudu besar gula, tutup sedikit, dan ketepikan di tempat yang hangat selama 5 hingga 10 minit, atau sehingga berbuih.
c) Panaskan separuh dan separuh lagi dan tambah ⅓ cawan gula, garam dan mentega. Kacau sehingga mentega cair. Sejuk hingga suam.
d) Masukkan adunan yang telah melecur tadi ke dalam adunan yis bersama susu kunyit yang ditapis dan 1 biji telur yang telah dipukul. Gaul sebati.
e) Masukkan tepung sedikit demi sedikit hingga adunan sebati dan tidak melekit tetapi masih lembut dan lentur. Uli selama 10 minit atau sehingga berkilat dan elastik.
f) Letakkan doh dalam mangkuk yang ditaburi sedikit tepung, taburkan bahagian atas doh dengan tepung, tutup dengan longgar, dan tetapkan ia mengembang di sudut bebas draf sehingga dua kali ganda secara pukal, kira-kira 1½ jam.
g) Tumbuk doh dan uli selama 2 atau 3 minit. Bentukkannya ke dalam bentuk (untuk "kucing" seperti yang diterangkan di bawah). Biarkan ia naik selama 30 minit dan bakar dalam ketuhar 400°F yang telah

dipanaskan terlebih dahulu selama 10 minit. Kecilkan api kepada 350°F dan bakar selama 30 minit lagi, atau sehingga perang keemasan.

Lussekatter - Lucia Cats:

h) Cubit sedikit doh dan canai menjadi bentuk sosej sepanjang 5-7 inci.
i) Letakkan jalur ini bersama-sama secara berpasangan, cubit pusat untuk menyambungnya dan gulung empat hujung keluar.
j) Sapu dengan sayu kuning telur dan bakar.
k) Menggunakan sedikit putih telur, letakkan kismis atau kismis di tengah setiap gegelung roti panas.

9. Hidangan hash Sweden

BAHAN-BAHAN:
- 1 & 1/2 Sudu Besar minyak zaitun
- 1/2 kg kentang, dikupas dan dipotong dadu
- 1 bawang sederhana, dihiris halus
- 5 auns daging babi salai, dipotong dadu
- 5 auns ham, dipotong dadu (kira-kira 1/2 cawan, timbunan)
- 10 auns sosej, dipotong dadu (kira-kira 300 gram)
- garam dan lada sulah, untuk perasa
- pasli, dicincang kasar untuk hiasan

ARAHAN:
a) P lac e kuali sederhana atau besar di atas api sederhana tinggi, kemudian masukkan minyak.
b) Setelah minyak panas, masukkan kentang yang telah dipotong dadu.
c) Masak sehingga kentang separuh masak.
d) Masukkan bawang, garam dan lada sulah.
e) Laraskan api kepada sederhana dan masak selama kira-kira 4 minit atau sehingga bawang telah lembut.
f) Masukkan daging babi salai, ham, dan sosej.
g) Masak sehingga kentang siap, pada masa yang sama menyemak dan menyesuaikan perasa pada masa ini.
h) Tanggalkan kuali dari api dan pindahkan ke dalam pinggan.
i) Hidangkan dengan beberapa bit jeruk dan telur goreng.

10. Pancake Ketuhar Sweden

BAHAN-BAHAN:
- 3 cawan Susu
- 4 biji Telur besar
- 2 cawan Tepung
- 4 sudu besar Mentega, dicairkan
- 1 sudu teh Garam
- 2 sudu besar Gula

ARAHAN:
a) Pukul telur dengan baik.
b) Masukkan susu, mentega cair, garam, dan tepung.
c) Bakar dalam kuali 9 X 13 yang telah digris dalam ketuhar 425°F selama 25-30 minit.
d) Potong empat segi dan hidangkan segera dengan mentega dan sirap.

11.Roti Rai Denmark

BAHAN-BAHAN:

Hari 1
- 2 cawan (500 ml) air, suhu bilik
- 3 cawan (300 g) tepung rai bijirin penuh
- 1 oz. (25 g) pemula masam rai

Hari ke-2
- 4 cawan (1 liter) air, suhu bilik
- 8 cawan (800 g) tepung rai bijirin penuh
- 2 cawan (250 g) tepung gandum
- 2 Sudu Besar (35 g) garam
- 4½ oz. (125 g) biji bunga matahari
- 4½ oz. (125 g) biji labu
- 2½ oz. (75 g) biji rami keseluruhan

ARAHAN:

a) Campurkan bahan-bahan dengan baik dan biarkan berdiri pada suhu bilik semalaman.
b) Satukan doh yang dibuat hari sebelumnya dengan bahan baru. Campurkan dengan teliti selama kira-kira 10 minit.
c) Bahagikan doh kepada tiga loyang bersaiz 8 × 4 × 3 inci (1½ liter). Kuali harus diisi hanya dua pertiga daripada cara. Biarkan ia naik di tempat yang hangat selama 3-4 jam.
d) Suhu Ketuhar Permulaan: 475°F (250°C)
e) Letakkan kuali di dalam ketuhar dan kurangkan suhu kepada 350°F (180°C). Taburkan secawan air di atas lantai ketuhar. Bakar roti selama 40-50 minit.
f) Hari 2: Campurkan baki bahan dengan pemula.
g) Kacau doh dengan baik selama kira-kira 10 minit.
h) Letakkan doh dalam loyang roti berukuran 8 × 4 × 3 inci (1 1/2 liter). Isi kuali tidak lebih daripada dua pertiga daripada laluan ke bahagian atas. Biarkan kembang sehingga doh sampai ke tepi kuali.

12. Lefsa (Roti Kentang Norway)

BAHAN-BAHAN:
- 3 cawan kentang lecek Instant Hungry Jack
- 1 sudu teh Garam
- ¼ cawan Marjerin
- 1 cawan Susu
- 1 cawan Tepung
- Mentega dan gula perang secukup rasa

ARAHAN:

a) Cairkan marjerin dan garam dalam 1 cawan air mendidih. Tuangkan adunan ke atas kentang lecek segera dan kacau.

b) Tambah 1 cawan susu dan 1 cawan tepung; kacau bersama, kemudian sejukkan di dalam peti sejuk.

c) Canai adunan ke dalam bebola sebesar bola golf, kemudian canai nipis.

d) Masak di atas griddle panas (berminyak sedikit), perang sedikit di kedua-dua belah.

e) Gulungkan lefsa dengan mentega dan gula perang di dalamnya. Sebagai alternatif, anda boleh menggantikan tampalan lain mengikut pilihan anda.

13.Bijirin Rai Denmark

BAHAN-BAHAN:
- 1 cawan beri rai keseluruhan, tidak diproses
- 2 sudu teh kayu manis dikisar
- 1 sudu kecil biji jintan
- 1 sudu besar ekstrak Vanila
- 3 cawan Air
- ¼ cawan Kismis
- Keju Ricotta (pilihan)
- Gula (pilihan)

ARAHAN:
a) Satukan semua bahan kecuali kismis, ricotta, dan gula dalam periuk; gaul sebati.
b) Panaskan hingga mendidih.
c) Kecilkan api hingga mendidih dan masak, bertutup, selama 1 jam. Kacau sekali-sekala; tambah lebih banyak air jika perlu untuk mengelakkan hangus.
d) Dalam 15 minit terakhir masa memasak, tambah kismis.
e) Hiaskan setiap hidangan dengan sedikit keju ricotta dan gula, jika mahu.

14. Roti Pipi Sweden

BAHAN-BAHAN:
- 2 cawan tepung putih
- ¾ cawan tepung rai
- ¼ cawan Gula
- ½ sudu teh Baking soda
- ½ sudu teh Garam
- ½ cawan Mentega atau marjerin
- 1 cawan Buttermilk
- 2 sudu besar biji Adas

ARAHAN:
a) Dalam mangkuk, campurkan tepung putih, tepung rai, gula, garam, dan soda penaik.
b) Potong marjerin sehingga adunan menyerupai serbuk halus.
c) Kacau dalam buttermilk dan masukkan biji adas, menggunakan garpu, hanya sehingga adunan menjadi satu.
d) Bentukkan doh menjadi bebola kecil dan gulungkannya di atas papan tepung untuk membuat bulatan yang sangat nipis, kira-kira empat hingga lima inci diameter.
e) Bakar pada helaian yang tidak digris pada suhu 375°F selama kira-kira lima minit atau sehingga ia berwarna perang muda.

15. Roti Bir Sweden

BAHAN-BAHAN:
- 1 pek yis kering
- 1 sudu teh gula pasir
- ½ cawan Air, suam (100°F)
- 2 cawan Bir, dipanaskan hingga suam
- ½ cawan madu (sesuai selera)
- 2 sudu besar Mentega, dicairkan
- 2 sudu teh Garam
- 1 sudu teh buah pelaga, dikisar (pilihan)
- 1 sudu besar biji jintan, dihancurkan, atau ¾ sudu teh Anise, dihancurkan
- 2 sudu besar Kulit oren, segar atau manisan, dicincang
- 2½ cawan Tepung, rai
- 3 cawan Tepung, tidak diluntur

ARAHAN:
a) Larutkan yis dan gula dalam air suam dalam mangkuk besar dan buktikan selama lima minit.
b) Satukan bir, madu, mentega cair, dan garam. Kacau rata dan masukkan ke dalam adunan yis.
c) Masukkan buah pelaga, biji jintan yang dihancurkan atau anise, dan kulit oren yang dicincang. Gaul sebati.
d) Campurkan tepung, kemudian tambah tiga cawan campuran ini kepada cecair. Pukul dengan pantas.
e) Tutup dengan tuala teh dan biarkan naik di tempat yang hangat dan gelap selama kira-kira sejam.
f) Kacau dan masukkan baki tepung secukupnya untuk membuat doh yang agak keras tetapi masih melekit.
g) Hidupkan di atas papan yang bertepung dengan baik dan kerjakan doh sehingga ia licin dan elastik. Tambah lebih banyak tepung ke papan seperti yang diperlukan.
h) Bentukkan doh menjadi bebola, minyak permukaannya, dan masukkan ke dalam mangkuk yang telah disapu minyak. Tutup dengan tuala teh dan biarkan naik kali kedua, kira-kira satu jam.
i) Tumbuk ke bawah, bentukkan menjadi dua bebola, dan letakkan di atas loyang yang telah digris dan ditaburi tepung jagung.
j) Berus dengan mentega cair, tutup longgar dengan kertas lilin, dan sejukkan selama tiga jam.
k) Keluarkan dari peti sejuk dan biarkan duduk di kaunter, tidak bertutup, selama sepuluh hingga lima belas minit.
l) Bakar dalam ketuhar 375°F sehingga roti berbunyi kosong apabila diketuk di bahagian bawah, kira-kira 40 hingga 45 minit.
m) Sejukkan sebelum dihiris.

16. Raggmunk (Pakek Kentang Sweden)

BAHAN-BAHAN:
- 3 sudu besar Tepung
- ½ sudu teh Garam
- 1¼ desiliter Susu skim
- 1 biji telur
- 90 gram Kentang, dikupas
- 1 sudu kecil Minyak atau marjerin

ARAHAN:
a) Pukul tepung dan garam dengan separuh daripada susu.
b) Masukkan telur dan baki susu.
c) Parut kentang dan masukkan ke dalam adunan. Kacau hingga sebati.
d) Cairkan marjerin dalam kuali.
e) Masukkan lapisan nipis adunan tadi ke dalam kuali dan goreng hingga coklat muda.
f) Putar dan goreng sebelah lagi sehingga perang.
g) Hidangkan Raggmunk anda dengan jem lingonberi tanpa gula dan sedikit sayur-sayuran. Anda juga boleh menggantikan beberapa kentang dengan lobak merah untuk variasi. Nikmati penkek kentang Sweden anda!

17. Feta Denmark dan Wafel bayam

BAHAN-BAHAN:

- 2 biji telur, dipisahkan
- 1½ cawan susu
- 125g mentega, cair
- 1½ cawan tepung naik sendiri
- 1 sudu teh garam
- 150g feta lembut, hancur kasar ¼ cawan parmesan parut
- 150g bayam beku, dicairkan, kelembapan berlebihan diperah keluar
- Bacon dan tomato panggang untuk dihidangkan

Kaedah

1. Pilih tetapan BELGIAN dan dail 6 pada dail kawalan keperangan.
2. Panaskan sehingga cahaya oren menyala dan perkataan HEATING hilang.
3. Pukul kuning telur, susu dan mentega.
4. Masukkan tepung dan garam ke dalam mangkuk besar, buat perigi di tengah.
5. Pukul perlahan-lahan adunan telur dan susu untuk membentuk adunan yang licin. Kacau melalui feta dan bayam yang hancur.
6. Pukul putih telur sehingga stiff peak, perlahan-lahan lipat menjadi adunan.
7. Menggunakan cawan dos wafel, tuangkan ½ cawan adunan ke dalam setiap petak wafel. Tutup tudung dan masak sehingga pemasa habis dan bip siap berbunyi 3 kali. Ulang dengan baki adunan.
8. Hidangkan bersama daging panggang dan tomato.

18.Telur, ham dan keju Crêpes

BAHAN-BAHAN:
- Mentega clarified cair
- 2 cawan adunan Krêpes Buckwheat Savory
- 8 biji telur
- 4 auns ham Denmark yang dicincang
- 4 auns jek Monterey yang dicincang
- Keju

ARAHAN:

a) Panaskan kuali atau kuali Crêpe 9 atau 10 inci di atas api yang sederhana tinggi.
b) Berus dengan banyak mentega cair.
c) Apabila mentega mendesis, masukkan ¼ cawan adunan Buckwheat Crêpes dan pusingkan ke kuali.
d) Pecahkan satu telur ke tengah-tengah adunan, biarkan kuning telur keseluruhannya.
e) Masak hanya sehingga putih ditetapkan, kuning telur harus kekal cair.
f) Teratas dengan ½ auns ham dan ½ auns keju.
g) Perlahan-lahan lipat sisi Crêpe di atas keju. Keluarkan Crêpe ke dalam pinggan hangat dengan spatula.
h) Teruskan dengan baki adunan Crêpe dan telur.

19. Roti Boller Norway

BAHAN-BAHAN:
- 1½ cawan Susu
- 1½ auns yis segar
- 3 auns Mentega
- 4 cawan tepung gandum
- ½ cawan Gula
- 2 sudu teh buah pelaga yang dikisar
- Kismis secukup rasa (pilihan, 1-2 cawan)
- 1 biji telur untuk kaca

ARAHAN:
a) Mulakan dengan mencairkan mentega dan biarkan ia sejuk hingga suam.
b) Panaskan susu kepada kira-kira 37°C (100°F), pastikan ia mencapai suhu suam.
c) Kacau yis segar ke dalam susu suam. Jika menggunakan yis kering, campurkan terus ke dalam tepung.
d) Dalam mangkuk adunan yang berasingan, satukan gula, buah pelaga, dan kismis (jika mahu) dengan tepung.
e) Masukkan campuran susu dan yis ke dalam bahan kering, diikuti dengan mentega cair dan sejuk. Kacau dengan kuat sehingga doh menjadi berkilat dan lentur. Jika adunan terlalu melekit, boleh masukkan sedikit lagi tepung.
f) Tutup doh dengan bungkus plastik dan letakkan di tempat yang hangat. Biarkan ia mengembang sehingga saiznya menjadi dua kali ganda, yang biasanya mengambil masa kira-kira 45-60 minit. Jika anda membuat kringle, di sinilah anda berhenti.
g) Untuk roti manis, uli doh sedikit dan bentukkan menjadi sosej yang panjang. Bahagikan doh kepada 24 bahagian yang sama dan bentuk setiap bahagian menjadi bebola bulat.
h) Letakkan roti yang telah dibentuk di atas loyang yang telah digris dan biarkan ia naik selama 20 minit tambahan.
i) Panaskan ketuhar anda pada suhu yang disyorkan.
j) Pukul telur dan gunakan untuk menyapu bahagian atas roti.
k) Bakar roti di atas rak tengah ketuhar sehingga ia berwarna perang dengan baik dengan sisi pucat.
l) Nikmati roti boller manis buatan sendiri anda!

KUDAPAN

20.Kringler Denmark

BAHAN-BAHAN:
- 2 ¼ cawan tepung serba guna
- 2 sudu besar gula pasir
- 1 sudu teh yis segera
- ½ sudu teh garam
- ½ cawan susu, suam-suam kuku
- 2 sudu besar mentega tanpa garam, cair
- 1 biji telur, dipukul

UNTUK TOPPING:
- 1 biji telur, dipukul
- Gula mutiara atau gula kasar untuk taburan

ARAHAN:

a) Dalam mangkuk adunan yang besar, satukan tepung, gula, yis segera dan garam.

b) Masukkan susu suam, mentega cair, dan telur yang dipukul ke dalam bahan kering. Kacau hingga adunan sebati.

c) Pindahkan doh ke permukaan yang ditaburi sedikit tepung dan uli selama kira-kira 5-7 minit sehingga licin dan elastik.

d) Letakkan doh semula ke dalam mangkuk, tutup dengan kain bersih, dan biarkan ia mengembang di tempat yang hangat selama kira-kira 1 jam atau sehingga dua kali ganda saiznya.

e) Panaskan ketuhar hingga 375°F (190°C). Lapik loyang dengan kertas parchment.

f) Bahagikan doh kepada 6 bahagian sama banyak. Gulungkan setiap helai ke dalam tali panjang, kira-kira 20 inci panjang.

g) Bentuk setiap tali menjadi simpulan seperti pretzel, silangkan hujung antara satu sama lain dan selitkan di bawah doh.

h) Letakkan kringler berbentuk pada loyang yang disediakan. Sapu mereka dengan telur yang telah dipukul dan taburkan dengan gula mutiara atau gula kasar.

i) Bakar dalam ketuhar yang telah dipanaskan selama kira-kira 12-15 minit atau sehingga perang keemasan.

j) Keluarkan dari ketuhar dan biarkan ia sejuk sedikit sebelum dihidangkan.

21. Aebleskiver Denmark

BAHAN-BAHAN:
- 1 ½ cawan tepung serba guna
- 2 sudu besar gula
- ½ sudu teh serbuk penaik
- ¼ sudu teh garam
- 1 ¼ cawan mentega
- 2 biji telur besar
- Mentega atau minyak, untuk memasak
- Gula tepung, untuk hidangan
- Jem atau pengawet, untuk dihidangkan

ARAHAN:
a) Dalam mangkuk adunan, pukul bersama tepung, gula, serbuk penaik, dan garam.
b) Dalam mangkuk yang berasingan, pukul bersama mentega dan telur.
c) Tuangkan bahan basah ke dalam bahan kering dan kacau sehingga sebati.
d) Panaskan kuali aebleskiver di atas api sederhana dan sapukan sedikit mentega atau minyak.
e) Isi setiap perigi dalam kuali dengan adunan, kira-kira ¾ penuh.
f) Masak aebleskiver sehingga bahagian bawah berwarna perang keemasan, kemudian gunakan lidi atau jarum mengait untuk membalikkannya dan masak bahagian lain.
g) Ulang dengan adunan yang tinggal. Hidangkan aebleskiver yang ditaburi serbuk gula dan disertakan dengan jem atau pengawet.

22. Aniswe Twists Sweden

BAHAN-BAHAN:
- 2 1/2 cawan tepung serba guna
- 1/2 cawan mentega tanpa garam, dilembutkan
- 1/2 cawan gula pasir
- 2 sudu teh ekstrak anise
- 1/2 sudu teh serbuk penaik
- 1/4 sudu teh garam
- 1 biji telur
- Gula mutiara untuk taburan (pilihan)

ARAHAN:
a) Panaskan ketuhar hingga 375°F (190°C) dan alaskan loyang dengan kertas parchment.
b) Dalam mangkuk adunan besar, krim bersama mentega lembut, gula pasir dan ekstrak anise sehingga ringan dan gebu.
c) Dalam mangkuk yang berasingan, pukul bersama tepung, serbuk penaik, dan garam.
d) Masukkan bahan kering secara beransur-ansur ke dalam adunan mentega, gaul rata selepas setiap penambahan.
e) Pukul telur hingga adunan sebati.
f) Bahagikan doh kepada kepingan kecil dan gulung setiap kepingan menjadi tali panjang, kira-kira 8 inci panjang.
g) Putar setiap tali menjadi bentuk "S" dan letakkan di atas loyang yang telah disediakan.
h) Taburkan gula mutiara di atas lilitan (jika suka).
i) Bakar selama 10-12 minit atau sehingga bahagian tepi berwarna keemasan.
j) Biarkan putar sejuk sepenuhnya sebelum dihidangkan.

23.Dandies Denmark (Danske Smakager)

BAHAN-BAHAN:
- ½ cawan Mentega
- ½ cawan Shortening
- ¾ cawan Gula
- ½ sudu teh Garam
- ½ sudu teh Vanila
- ½ sudu teh ekstrak lemon
- 3 biji telur masak keras, diayak
- 2 cawan tepung yang diayak
- Sirap jagung
- Kacang cincang

ARAHAN:
a) Putar bersama mentega, shortening, dan gula sehingga ringan dan gebu.
b) Masukkan garam, vanila, ekstrak lemon, dan telur masak keras yang telah diayak. Gaul sebati.
c) Masukkan tepung yang telah diayak dan gaul hingga sebati.
d) Menggunakan tangan anda, bentukkan doh menjadi bebola kecil dan letakkan di atas loyang.
e) Buat lekukan di tengah setiap kuki dengan ibu jari anda atau belakang sudu.
f) Isikan setiap lekukan dengan sedikit sirap jagung dan taburkan kacang cincang di atasnya.
g) Bakar dalam ketuhar yang telah dipanaskan mengikut resipi biskut atau sehingga bahagian tepi berwarna perang keemasan.
h) Benarkan kuki sejuk di atas loyang selama beberapa minit sebelum memindahkannya ke rak dawai untuk menyejukkan sepenuhnya.

24. Pembuka selera bebola daging Sweden

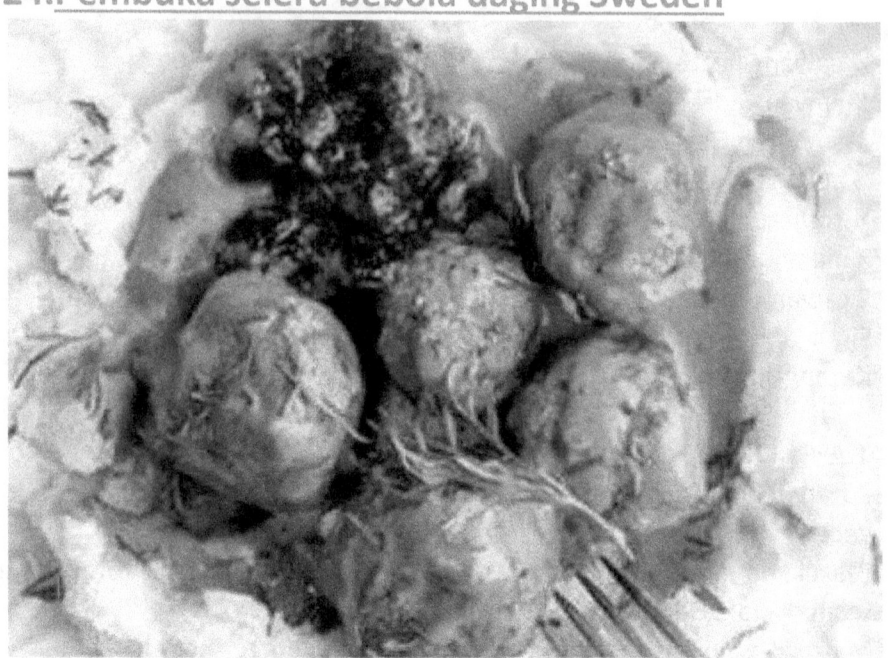

BAHAN-BAHAN:
- 2 sudu besar Minyak masak
- 1 paun daging lembu kisar
- 1 biji telur
- 1 cawan serbuk roti lembut
- 1 sudu teh gula perang
- ½ sudu teh Garam
- ¼ sudu teh Lada
- ¼ sudu teh Halia
- ¼ sudu teh bunga cengkih dikisar
- ¼ sudu teh Pala
- ¼ sudu teh Kayu Manis
- ⅔ cawan Susu
- 1 cawan krim masam
- ½ sudu teh Garam

ARAHAN:

a) Panaskan minyak masak dalam kuali. Campurkan semua bahan yang tinggal, kecuali krim masam dan ½ sudu kecil. garam.

b) Bentukkan bebola daging bersaiz pembuka selera (diameter kira-kira 1". Perang dalam minyak masak di semua bahagian sehingga masak sepenuhnya.

c) Keluarkan dari kuali, dan toskan pada tuala kertas. Tuangkan lebihan gris dan sejukkan sedikit kuali. Masukkan sedikit krim masam untuk mengalahkan keperangan dan kacau. Kemudian masukkan baki krim masam dan ½ sudu teh. garam, kacau untuk sebati.

25. Kacang Bergula Norway

BAHAN-BAHAN:
- 1 putih telur
- 1½ sudu teh Air
- 3 cawan Kacang campuran masin
- 1 cawan Gula dicampur dengan ½ sudu teh kayu manis

ARAHAN:

a) Dalam mangkuk, satukan putih telur dan air, pukul sedikit. Masukkan kacang dan salutkan dengan baik.

b) Kacau campuran gula dan kayu manis ke dalam kacang bersalut.

c) Susun bancuhan kacang dalam satu lapisan di atas kertas perang yang telah digris dengan baik di atas kuali gulung jeli.

d) Bakar dalam ketuhar yang telah dipanaskan pada 350 darjah Fahrenheit selama 25 hingga 30 minit, kacau sekali atau dua kali semasa membakar.

e) Keluarkan dari kertas apabila sejuk. Nikmati kacang bergula Norway anda!

26.Siput Denmark

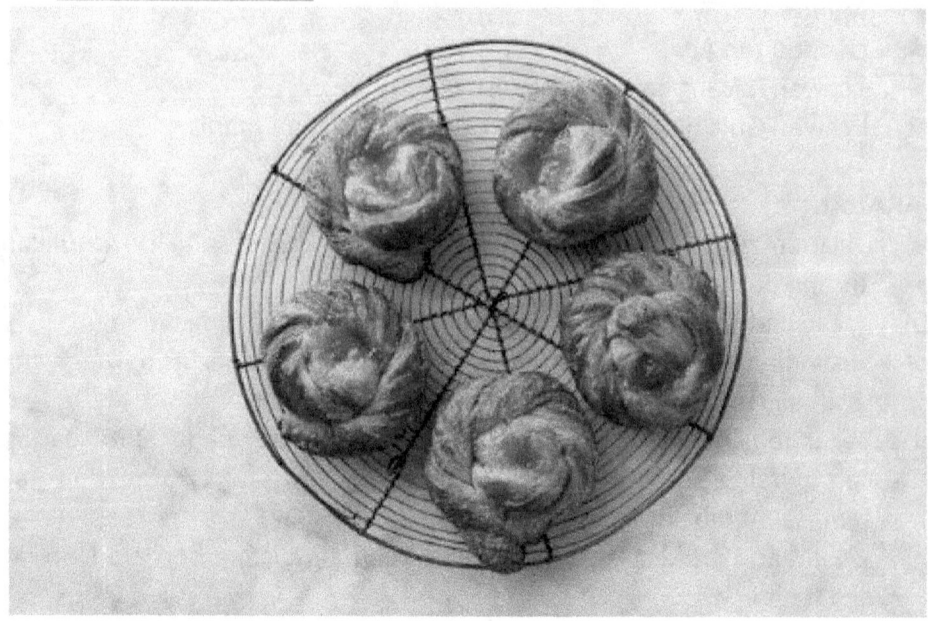

BAHAN-BAHAN:
- ½ kelompok pastri Denmark
- ½ batang mentega
- ½ cawan gula perang ringan
- ¾ cawan pecan atau walnut yang dicincang
- Kayu manis
- Basuh telur
- Air aising

ARAHAN:
a) Canai doh menjadi segi empat tepat 12 kali 20 inci.
b) Sapukan dengan mentega lembut dan taburkan dengan gula perang, pecan, dan kayu manis.
c) Gulung dari sisi 20 inci, dan potong kepada 12 bahagian.
d) Letakkan kepingan, potong sebelah atas, dalam kuali muffin yang dialas dengan cawan muffin kertas.
e) Bukti 50% dan basuh telur.
f) Bakar pada suhu 375 darjah selama kira-kira 25 minit.
g) Sejukkan dan siram dengan air aising.

27. Bar Almond Norway

BAHAN-BAHAN:
ASAS:
- 1¾ cawan tepung serba guna
- ¾ cawan Gula
- 1 sudu teh serbuk penaik
- ½ cawan serpihan kentang tumbuk
- ½ sudu teh Kayu Manis
- ½ sudu teh Garam
- ¾ cawan Marjerin atau mentega, dilembutkan
- ½ sudu teh buah pelaga
- 1 biji telur

PENGISIAN:
- 1¼ cawan gula tepung
- ½ cawan Air
- 1 tiub (7 oz) pes badam

ARAHAN:
a) Panaskan ketuhar hingga 375 darjah Fahrenheit.
b) Sudukan sedikit tepung ke dalam cawan penyukat; turun tahap. Dalam mangkuk besar, satukan tepung dan bahan asas yang tinggal; gaul sehingga menjadi serbuk.
c) Tekan separuh adunan ke dalam loyang 13x9 inci yang tidak digris. Simpan baki adunan untuk topping.
d) Dalam mangkuk besar, satukan semua bahan inti dan gaul rata.
e) Sapukan inti ke atas tapak dan taburkan adunan yang telah dikhaskan ke atas inti.
f) Bakar pada suhu 375 darjah selama 25-30 minit atau sehingga perang keemasan muda.
g) Sejukkan sepenuhnya dan potong ke dalam bar.
h) Nikmati Bar Almond Norway yang lazat!

28.Bebola daging ayam Norway

BAHAN-BAHAN:
- 1 paun   ayam dikisar
- 4½ sudu teh Tepung jagung; dibahagikan
- 1 Telur besar
- 2¼ cawan air rebusan ayam; dibahagikan
- ¼ sudu teh Garam
- ½ sudu teh kulit lemon yang baru diparut
- 2 sudu besar Dill segar yang dicincang; dibahagikan
- 4 auns   keju Gjetost; potong dadu 1/4 inci
- 4 cawan mee telur masak panas

ARAHAN:

a) Pukul telur; tambah sedikit ¼ cawan sup dan 1¼ sudu teh tepung jagung. Kacau hingga rata. Masukkan kulit limau dan 1 Sudu besar dill segar . Masukkan ayam kisar ke dalam adunan ini .

b) Bawa dua cawan sup untuk mendidih dalam kuali 10 atau 12 inci.

c) Masukkan perlahan-lahan sudu besar adunan ayam ke dalam air rebusan yang sedang mendidih .

d) Sediakan sos: Campurkan baki 1 sudu besar tepung jagung dalam 2 sudu besar air sejuk. Kacau ke dalam sup yang mendidih dan masak beberapa minit sehingga agak pekat. Masukkan keju potong dadu, dan kacau sentiasa sehingga keju cair.

e) Semasa ayam masak, sediakan mee dan biarkan ia panas.

f) Kembalikan bebola ayam kepada sos.

29. Bebola daging Norway dalam jeli anggur

BAHAN-BAHAN:
- 1 cawan serbuk roti; lembut
- 1 cawan Susu
- 2 paun   daging lembu kisar
- ¾ paun daging babi yang dikisar; kurus
- ½ cawan Bawang; dicincang halus
- 2 biji telur; dipukul
- 2 sudu teh Garam
- 1 sudu kecil Lada
- ½ sudu teh Pala
- ½ sudu teh Allspice
- ½ sudu teh buah pelaga
- ¼ sudu teh Halia
- 2 sudu besar titisan Bacon; atau minyak salad
- 8 auns   jeli anggur

ARAHAN:

a) Rendam serbuk roti dalam susu selama satu jam. Satukan daging lembu, daging babi dan bawang. Masukkan telur, susu, bancuhan serbuk roti. Masukkan garam, lada sulah dan rempah ratus.

b) Gaul rata dan pukul dengan garfu. Sejukkan satu hingga dua jam. Bentukkan bebola kecil, gulung dalam tepung dan perang dalam titisan bacon atau minyak. Goncangkan kuali atau kuali berat untuk menggulung bebola daging dalam minyak panas.

c) Letakkan dalam periuk tempayan dengan 1 balang besar agar-agar anggur dan masak dengan SLOW selama satu jam.

COOKIES

30.Campuran Kuki Topi Napoleon

BAHAN-BAHAN:
- 2 cawan tepung serba guna
- ¼ sudu teh Garam
- ¾ cawan Mentega atau marjerin
- ½ cawan Gula
- 2 biji kuning telur
- 1 sudu teh Vanila
- 2 putih telur
- ¼ sudu teh Krim tartar
- ⅓ cawan gula tepung, diayak
- 1 cawan badam, dikisar

ARAHAN:

a) Campurkan tepung dan garam; mengetepikan. Dalam mangkuk adunan yang besar, gunakan pengadun elektrik untuk pukul mentega atau marjerin pada kelajuan sederhana selama 30 saat. Masukkan gula dan pukul hingga kembang. Masukkan kuning telur dan vanila, pukul rata.

b) Masukkan bahan kering ke dalam adunan yang telah dipukul dan teruskan pukul sehingga sebati.

c) Tutup doh dan sejukkan selama 1 jam. Untuk pengisian pes badam: Dalam mangkuk adunan kecil, pukul putih telur dan krim tartar sehingga puncak lembut (tips curl). Masukkan gula tepung yang telah diayak secara beransur-ansur, pukul sehingga membentuk puncak kaku (petua berdiri tegak). Masukkan badam kisar perlahan-lahan dan ketepikan.

d) Pada permukaan yang ditaburi sedikit tepung, canai doh hingga ⅛" ketebalan. Potong kepada 3" bulatan. Letakkan kira-kira 1 sudu teh bulat isi badam di tengah setiap bulatan. Lipat dan cubit tiga bahagian untuk mencipta topi tiga penjuru, biarkan bahagian atas isian terdedah.

e) Susun kuki yang telah dibentuk 2" di atas helaian kuki yang tidak digris.

f) Bakar dalam ketuhar 375 darjah selama 10 hingga 12 minit. Keluarkan dan sejukkan di atas rak dawai.

31. Fattigmann (Kuki Krismas Norway)

BAHAN-BAHAN:
- 10 biji kuning telur
- 2 putih telur
- ¾ cawan Gula
- ¼ cawan Brandy
- 1 cawan krim kental
- 5 cawan tepung serba guna yang telah diayak
- 2 sudu teh buah pelaga yang dikisar
- Lemak untuk menggoreng

ARAHAN:
a) Pukul kuning telur, putih telur, gula, dan brendi sehingga sangat pekat. Masukkan krim perlahan-lahan, kacau rata.
b) Ayak tepung dan buah pelaga bersama; tambah kira-kira ½ cawan pada satu masa ke dalam campuran telur, kacau dengan teliti selepas setiap penambahan. Balut doh dan sejukkan semalaman.
c) Panaskan lemak babi hingga 365 hingga 370 darjah dalam periuk yang dalam.
d) Canai doh dalam bahagian kecil, setebal 1/16 inci di atas permukaan tepung.
e) Menggunakan pisau tepung atau roda pastri, potong doh menjadi bentuk berlian, 5" x 2"; buat celah memanjang di tengah setiap berlian. Tarik hujung satu hujung melalui setiap celah dan selitkan semula di bawahnya.
f) Goreng dalam 1 hingga 2 minit atau sehingga perang keemasan, pusing sekali.
g) Toskan dan sejukkan.
h) Taburkan biskut dengan gula manisan. Simpan dalam bekas bertutup rapat. Nikmati Fattigmann anda, hidangan Krismas tradisional Norway yang menarik!

32. Bulan Sabit Krismas Sweden

BAHAN-BAHAN:
- 1 cawan Mentega
- 2 sudu besar Badam, dikisar
- 1 cawan gula tepung
- 2 cawan Tepung
- 1 sudu teh Vanila
- ¼ cawan gula tepung (untuk habuk)
- ½ sudu teh Garam
- 2 sudu teh Kayu Manis

ARAHAN:

a) Krim mentega dan gula bersama-sama.
b) Pukul dalam vanila, garam, dan badam kisar.
c) Campurkan tepung secara beransur-ansur.
d) Bentukkan doh menjadi bulan sabit menggunakan satu sudu teh bulat untuk setiap satu.
e) Taburkan bulan sabit dengan campuran gula tepung dan kayu manis.
f) Bakar pada helaian kuki yang tidak digris dalam ketuhar 325°F (165°C) yang telah dipanaskan terlebih dahulu selama 15-18 minit atau sehingga bahagian tepi berwarna keemasan sedikit.

33.Pepparkakor (Kuki Halia Sweden)

BAHAN-BAHAN:
- ½ cawan Molase
- ½ cawan Gula
- ½ cawan Mentega
- 1 biji telur, dipukul sebati
- 2½ cawan tepung serba guna yang diayak
- ¼ sudu teh Garam
- ¼ sudu teh Baking soda
- ½ sudu teh Halia
- ½ sudu teh Kayu Manis

ARAHAN:
a) Panaskan molase dalam periuk kecil hingga takat didih, kemudian rebus selama 1 minit.
b) Masukkan gula dan mentega, kacau sehingga mentega cair. Biarkan adunan sejuk.
c) Pukul dalam telur yang telah dipukul dengan baik.
d) Ayak bersama tepung, garam, baking soda, dan rempah ratus. Masukkan adunan ini kepada adunan pertama dan gaul sebati.
e) Tutup mangkuk dengan ketat dan sejukkan doh semalaman.
f) Canai sebahagian doh pada satu masa pada kain pastri yang ditaburkan sedikit tepung. Canai nipis.
g) Potong doh mengikut bentuk yang dikehendaki.
h) Bakar dalam ketuhar sederhana (350°F) selama 6 hingga 8 minit.

34.Kuki Ibu Jari Sweden

BAHAN-BAHAN:
- ½ cawan Mentega
- 1 cawan Gula
- 2 sudu kecil Gula Perang
- 1 kuning telur, belum dipukul
- 1½ Kiub (Nota: Ini mungkin bahan yang hilang. Sila sahkan.)
- 1⅓ cawan Tepung Serbaguna, Diayak
- Karbonat Ammonia (jumlah tidak dinyatakan)

ARAHAN:
a) Krim mentega, masukkan gula secara beransur-ansur, dan krim sehingga ringan.
b) Masukkan kuning telur dan gaul rata.
c) Hancurkan kiub ammonia dan ayak dengan tepung.
d) Masukkan tepung secukupnya untuk membuat doh yang keras. Doh akan pecah apabila ibu jari ditekan.
e) Gulung menjadi bola dan tolak di tengah dengan ibu jari.
f) Bakar dalam ketuhar perlahan (250 darjah) selama 30 minit.

35. Kuki Oatmeal Sweden

BAHAN-BAHAN:

ADUNAN BISKUT:
- ¾ cawan tepung serba guna
- ½ sudu teh Soda
- ½ sudu teh garam Kristal Berlian
- ½ cawan Gula
- ⅓ cawan Gula
- ¼ cawan Mentega Land O'Lake (atau Marjerin)
- ½ cawan gula perang
- ½ cawan Shortening
- 1 biji telur besar tanpa pukul
- ½ sudu teh Vanila
- 1½ cawan oat gulung
- 1 sudu besar sirap jagung ringan
- ¼ cawan badam rebus, dicincang
- ¼ sudu teh ekstrak badam

TOPPING ALMOND:
- ¼ cawan Gula
- 1 sudu besar Mentega
- 1 sudu besar sirap jagung ringan
- ¼ cawan badam rebus, dicincang
- ¼ sudu teh ekstrak badam

ARAHAN:
a) Ayak bersama tepung, soda, dan garam. Mengetepikan.
b) Masukkan gula dan gula perang secara beransur-ansur untuk memendekkan, berkrim dengan baik.
c) Campurkan telur dan vanila, pukul sebati.
d) Masukkan bahan kering, kemudian rolled oat, dan gaul rata.
e) Titiskan sesudu kecil pada helaian biskut yang tidak digris.
f) Bakar pada suhu 350 darjah selama 8 minit.
g) Keluarkan dari ketuhar dan letakkan sedikit ½ sudu teh Topping Almond di tengah, tekan sedikit.
h) Bakar selama 6 hingga 8 minit lagi sehingga biskut berwarna perang keemasan.
i) Sejukkan selama 1 minit sebelum dikeluarkan dari lembaran biskut.

TOPPING ALMOND:
j) Satukan gula, mentega, dan sirap jagung ringan dalam periuk; masak sehingga mendidih.
k) Keluarkan dari haba.
l) Masukkan badam dan ekstrak badam.

36.Kuki Mentega Sweden

BAHAN-BAHAN:
- ½ cawan Mentega
- ¼ cawan Gula
- 1½ sudu teh kulit limau yang dicincang halus
- ¼ sudu teh Vanila
- 1 cawan tepung serba guna
- 4 auns coklat separa manis (4 petak)
- 2 sudu besar Shortening

ARAHAN:

a) Pukul mentega dengan pengadun elektrik selama 30 saat.
b) Tambah gula, kulit lemon, dan vanila; pukul sehingga sebati.
c) Pukul tepung sebanyak yang anda boleh dengan pengadun, mengikis bahagian tepi mangkuk sekali-sekala.
d) Masukkan baki tepung. Tutup dan sejukkan selama 1 jam atau sehingga doh mudah dikendalikan.
e) Canai doh di atas permukaan yang ditaburi sedikit tepung dengan ketebalan ⅛ hingga ¼ inci.
f) Gunakan pemotong biskut 2 inci untuk memotong doh. Letakkan potongan 1 inci di atas helaian kuki yang tidak digris.
g) Bakar dalam ketuhar 375°F selama 5 hingga 7 minit, sehingga bahagian tepi mula berwarna perang.
h) Sejukkan selama 1 minit pada helaian kuki, kemudian keluarkan kuki ke rak dawai untuk menyejukkan.
i) Panaskan coklat dan pendekkan dalam periuk dengan api perlahan, kacau sekali-sekala.
j) Celupkan sebahagian daripada setiap biskut ke dalam adunan coklat.
k) Sejukkan di atas kertas lilin selama 30 minit atau sehingga coklat set. Jika perlu, sejukkan biskut sehingga coklat set.

37.Kuki Spritz Sweden

BAHAN-BAHAN:
- 2 cawan Mentega
- 1½ cawan Gula
- 1 biji telur
- 1 sudu teh Vanila
- 4½ cawan Tepung

ARAHAN:
a) Campurkan mentega dan gula dengan teliti.
b) Masukkan telur dan vanila (atau perasa lain).
c) Masukkan tepung sedikit demi sedikit dan gaul rata.
d) Gunakan cakera bintang dengan penekan kuki untuk membentuk doh menjadi kalungan kecil.
e) Bakar pada 400°F selama 7 hingga 10 minit. Kuki hendaklah ditetapkan tetapi tidak berwarna coklat.
f) Nikmati Kuki Spritz Sweden anda!

38. Kuki Halia Sweden

BAHAN-BAHAN:
- 1 cawan Mentega
- 1½ cawan Gula
- 1 Telur besar
- 1½ sudu besar Kulit Oren Parut
- 2 sudu besar Sirap Jagung Hitam
- 1 sudu besar Air
- 3¼ cawan Tepung Serbaguna Tidak Diluntur
- 2 sudu teh Baking Soda
- 2 sudu teh Kayu Manis
- 1 sudu teh Halia Kisar (atau lebih secukup rasa)
- ½ sudu teh Cengkih Kisar

ARAHAN:

a) Pukul mentega dan gula sehingga ringan.
b) Masukkan telur, kulit oren, sirap jagung, dan air, gaul rata.
c) Ayak bahan kering bersama dan masukkan ke dalam adunan mentega.
d) Sejukkan doh dengan teliti.
e) Canai sangat nipis, kira-kira ⅛ inci, dan potong dengan pemotong biskut.
f) Bakar pada helaian kuki yang tidak digris dalam ketuhar 350°F (175°C) yang telah dipanaskan terlebih dahulu selama 8 hingga 10 minit. Jangan masak terlalu banyak, atau biskut akan hangus.

39.Halia Oren Sweden

BAHAN-BAHAN:
- 1½ batang mentega tanpa garam
- 1 cawan gula perang
- 1 biji telur besar
- 2 sudu besar ditambah 1 sudu teh molase
- 1 sudu besar jus oren
- 1 sudu besar kulit oren parut halus
- 2¾ hingga 3 cawan tepung
- 1 sudu teh baking soda
- ½ sudu teh bunga cengkih kisar
- 2 sudu teh kayu manis tanah
- 2 sudu teh halia kisar

ARAHAN:
a) Pukul mentega dan gula hingga lembut.
b) Pukul dalam 1 telur dan campurkan dalam molase, jus oren, dan kulit.
c) Ayak bersama bahan kering dan kacau ke dalam bahan basah untuk membuat doh yang lembut dan licin, tambah lagi tepung jika doh terlalu melekit.
d) Uli doh tiga kali di atas papan yang ditaburi sedikit tepung.
e) Panaskan ketuhar hingga 350 darjah F.
f) Bentukkan doh menjadi 3 batang kayu, kira-kira 8 inci panjang. Balut dalam bungkus plastik dan sejukkan sekurang-kurangnya 1 jam atau semalaman.
g) Potong log ke dalam bulatan nipis, tebal kurang daripada ⅛ inci.
h) Letakkan di atas loyang yang telah digris sedikit.
i) Bakar biskut selama kira-kira 8 hingga 10 minit.
j) Keluarkan dari ketuhar dan pindahkan kuki ke rak untuk menyejukkan.

40. Kuki Molasses Norway

BAHAN-BAHAN:
COOKIES:
- 2½ cawan tepung serba guna
- 2 sudu teh Baking soda
- 1 cawan gula perang muda yang dibungkus padat
- ¾ cawan FLEISCHMANN'S Marjerin, dilembutkan
- ¼ cawan PEMEGANG TELUR 99% Telur Asli
- 1 cawan gula gula
- ¼ cawan GRER RABBIT Molase Cerah atau Gelap
- ¼ cawan gula pasir
- air
- Taburan berwarna (pilihan)

GULA GULA PENGISIAN:
- 6 sudu teh susu skim
- Gula manisan (mengikut konsistensi yang diingini)

ARAHAN:
COOKIES:
a) Dalam mangkuk kecil, gabungkan tepung dan soda penaik; mengetepikan.
b) Dalam mangkuk sederhana dengan pengadun elektrik pada kelajuan sederhana, krim gula perang dan marjerin. Tambah produk telur dan molase; pukul sehingga rata.
c) Masukkan adunan tepung. Tutup dan sejukkan doh selama 1 jam.
d) Bentukkan doh menjadi 48 (1¼") bebola; canai dalam gula pasir.
e) Letakkan di atas loyang yang telah digris dan ditaburkan tepung, kira-kira 2". Taburkan sedikit doh dengan air.
f) Bakar pada suhu 350°F selama 18-20 minit atau sehingga rata.
g) Keluarkan dari helaian dan sejukkan pada rak dawai.
h) Hiaskan dengan Gula Gula Konfeksi dan taburan berwarna jika mahu.

GULA GULA PENGISIAN:
i) Dalam mangkuk, campurkan susu skim dengan gula gula untuk mencapai konsistensi sayu yang diingini.

41.Bulan Sabit Badam Sweden

BAHAN-BAHAN:
- ½ cawan (1 batang) marjerin
- ⅓ cawan Gula
- ½ sudu teh ekstrak badam
- 1⅔ cawan tepung serba guna
- ⅔ cawan Badam yang dikisar atau dicincang sangat halus
- ¼ cawan Air
- ⅓ cawan serbuk atau gula gula

ARAHAN:

a) Panaskan ketuhar hingga 375°F. Sembur kepingan biskut dengan semburan masak atau lapik dengan kerajang aluminium. Mengetepikan.

b) Menggunakan pengadun elektrik pada kelajuan sederhana, krim marjerin, gula, dan ekstrak badam bersama sehingga kembang.

c) Masukkan tepung, kacang, dan air ke dalam adunan berkrim dan gaul pada kelajuan sederhana untuk sebati.

d) Balikkan doh ke atas papan yang ditaburkan sedikit tepung, uli perlahan-lahan, dan bahagikan kepada 24 bahagian 1 sudu besar setiap satu.

e) Bentuk setiap bahagian menjadi gulungan kira-kira 4 inci panjang dengan hujung tirus. Bentukkan gulungan menjadi bulan sabit dan letakkan di atas kepingan kuki yang telah disediakan.

f) Bakar selama 8 hingga 10 minit atau sehingga keperangan di bahagian bawah.

g) Korek bulan sabit hangat dalam gula tepung dan letakkan pada rak dawai untuk menyejukkan ke suhu bilik.

h) Simpan dalam bekas kedap udara atau bekukan sehingga diperlukan.

SOSEJ

42.Liverwurst Denmark

BAHAN-BAHAN:
- 4 paun hati babi masak halus (direbus)
- 1 paun daging yang dikisar halus
- 2 cawan bawang cincang
- 1½ cawan susu
- 1½ cawan susu sejat
- ½ cawan tepung kentang
- 6 biji telur yang dipukul
- 3 sudu kecil lada hitam
- 2 sudu besar garam
- 1 sudu kecil bunga cengkih kisar
- 1 sudu teh lada sulah

ARAHAN:
a) Buat sos susu dan tepung kentang, dan masak sehingga pekat.
b) Satukan semua bahan.
c) Rebus dalam air masin selama kira-kira 20 minit.
d) Sejukkan selama 24 jam sebelum digunakan.
e) Belah sosej dan gunakannya seperti sapuan.

43.Sosej Babi Denmark

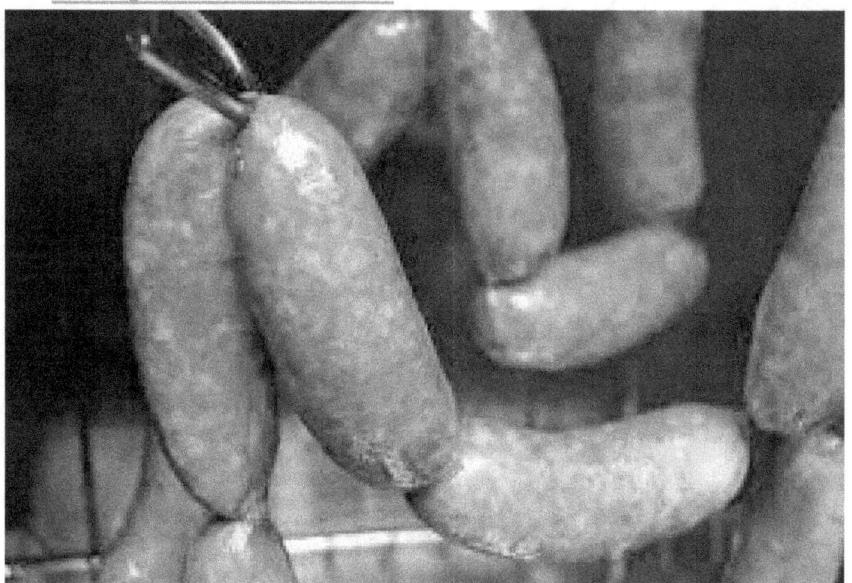

BAHAN-BAHAN:
- 5 paun punggung babi yang dikisar halus
- 5 sudu teh garam
- ¼ sudu teh lada sulah
- 2 sudu kecil lada putih
- ¼ sudu teh bunga cengkih
- 1 sudu teh buah pelaga
- 1 biji bawang besar kisar
- 1 cawan bouillon daging lembu sejuk

ARAHAN:
a) Satukan semua bahan, gaul rata, dan masukkan ke dalam sarung babi.

44. Sosej Kentang Sweden

BAHAN-BAHAN:
- 1 biji Bawang besar, potong
- 1 sudu besar Garam
- 1½ sudu teh lada hitam
- 1 sudu kecil Allspice
- 1 cawan susu kering tanpa lemak
- 1 cawan Air
- 6 cawan Kentang, dikupas, dipotong
- 1½ paun daging lembu tanpa lemak
- 1 paun daging babi tanpa lemak
- 1 sarung sosej

ARAHAN:

a) Kisar daging, kentang dan bawang melalui plat pengisar ⅜" dan masukkan ke dalam pengisar.
b) bahan lain dengan air dan gaul rata.
c) Selepas prosedur ini, kisar semula melalui plat ⅜" sekali lagi.
d) Sumbat ke dalam sarung babi 35-38mm.

45.Danish Tanduk Oxford

BAHAN-BAHAN:
- 5 paun punggung babi yang dikisar kasar
- 1½ sudu besar sage
- 1½ sudu teh thyme
- 1½ sudu teh marjoram
- seluruh kulit limau parut
- 1½ sudu teh buah pala
- 4 sudu teh garam
- 2 sudu kecil lada hitam
- 3 biji telur
- 1 cawan air

ARAHAN:
a) Satukan semua bahan, gaul rata, dan masukkan ke dalam sarung babi.
b) Untuk memasak, menggoreng, atau memanggang.

46.Sosej Norway

BAHAN-BAHAN:
- 3 paun chuck daging lembu yang dikisar kasar
- 2 paun punggung babi yang dikisar kasar
- 1½ sudu besar garam
- 4 bawang sederhana, parut
- 1 sudu besar lada hitam
- 2½ sudu teh buah pala
- 1 cawan air sejuk

ARAHAN:
a) Satukan semua bahan, gaul rata, dan masukkan ke dalam sarung babi.
b) Untuk memasak, membakar atau menggoreng.

HIDANGAN UTAMA

47. Swedish Janssons Frestelse Lasagna

BAHAN-BAHAN:
- 9 mi lasagna
- 4 biji kentang bersaiz sederhana, dikupas dan dihiris nipis
- 2 biji bawang besar, dihiris nipis
- 8 auns isi ikan bilis, toskan dan cincang
- 1 cawan krim berat
- ½ cawan serbuk roti
- 2 sudu besar mentega
- Garam dan lada sulah secukup rasa
- Pasli segar yang dicincang untuk hiasan

ARAHAN:
a) Panaskan ketuhar anda hingga 375°F (190°C) dan sapukan sedikit minyak pada loyang bersaiz 9x13 inci.
b) Masak mi lasagna mengikut arahan pakej. Toskan dan ketepikan.
c) Dalam kuali besar, cairkan mentega dengan api sederhana. Masukkan bawang besar yang telah dihiris dan tumis hingga lut sinar.
d) Lapiskan separuh daripada kentang yang dihiris dalam loyang yang telah digris, diikuti dengan separuh daripada bawang tumis dan separuh daripada fillet ikan bilis yang dicincang.
e) Ulangi lapisan dengan baki kentang, bawang, dan ikan bilis.
f) Tuangkan krim berat ke atas lapisan, pastikan ia diedarkan sama rata.
g) Perasakan dengan garam dan lada sulah secukup rasa.
h) Tutup loyang dengan aluminium foil dan bakar selama 45 minit.
i) Keluarkan foil dan taburkan serbuk roti secara rata di atasnya.
j) Bakar selama 10-15 minit tambahan, atau sehingga serbuk roti berwarna perang keemasan dan rangup.
k) Biarkan ia sejuk selama beberapa minit sebelum dihidangkan.
l) Hiaskan dengan pasli segar cincang sebelum dihidangkan.

48. Dilled Swedish Veal Roast

BAHAN-BAHAN:
- 1 sudu besar Mentega atau marjerin
- 1 daging lembu dibakar, digulung, diikat bahu atau kaki panggang (3 paun)
- 8 auns Cendawan; berempat
- 24-36 lobak merah yang sangat kecil atau 6-8 med. lobak merah
- 2 sudu besar Dill segar yang dicincang atau 2 sudu kecil. rumpai dill kering
- ⅛ sudu teh Lada putih yang dikisar
- ¼ cawan jus lemon
- ½ cawan wain putih kering
- 3 sudu besar Tepung jagung
- ⅓ cawan krim putar
- Garam, secukup rasa
- Putar kulit limau
- Tangkai Dill

ARAHAN:

a) Cairkan mentega dalam kuali nonstick lebar dengan api sederhana tinggi.
b) Masukkan daging lembu dan coklat dengan baik pada semua sisi, kemudian masukkan ke dalam periuk perlahan elektrik 4 liter atau lebih besar.
c) Kelilingi daging lembu dengan cendawan dan lobak merah (jika menggunakan lobak bersaiz sederhana, mula-mula potong setiap dua secara bersilang, kemudian potong memanjang menjadi empat).
d) Taburkan dengan dill cincang dan lada putih. Tuangkan jus lemon dan wain.
e) Tutup dan masak pada tetapan rendah sehingga daging lembu empuk apabila ditebuk (7½-9 jam).
f) Angkat daging lembu dengan berhati-hati ke dalam pinggan dalam yang hangat.
g) Menggunakan sudu berlubang, angkat lobak merah dan cendawan dari periuk dan susun di sekeliling daging lembu; tetap hangat.
h) Dalam mangkuk kecil, campurkan tepung jagung dan krim; campurkan menjadi cecair dalam periuk.
i) Tingkatkan tetapan haba periuk kepada tinggi; tutup dan masak, kacau 2 atau 3 kali sehingga sos pekat (15-20 minit lagi).
j) Perasakan dengan garam.
k) Untuk menghidangkan, keluarkan dan buang tali dari daging lembu. Potong merentasi bijirin.
l) Sudukan sedikit sos ke atas daging lembu dan sayur-sayuran; jika mahu, hiaskan dengan kulit lemon dan tangkai dill. Hidangkan baki sos dalam mangkuk atau periuk kera untuk menambah rasa.

49. Hamburger dengan Bawang, Gaya Sweden

BAHAN-BAHAN:
- 1½ paun Daging lembu kisar
- 3 sudu besar Mentega
- 3 bawang kuning; dihiris
- 1 lada hijau; dalam cincin
- Garam dan lada
- Kentang pasli; jeruk timun (pilihan)

ARAHAN:
a) Bentuk daging lembu yang dikisar menjadi 4 atau 5 patties, mengendalikannya sesedikit mungkin.
b) Dalam kuali, cairkan separuh daripada mentega.
c) Masukkan bawang besar yang telah dihiris dan tumis dengan api perlahan hingga kekuningan.
d) Masukkan cincin lada dan ½ cawan air mendidih.
e) Perasakan dengan garam dan lada sulah secukup rasa, keluarkan dari api, dan panaskan.
f) Perasakan patties daging lembu di kedua-dua belah.
g) Dalam kuali yang sama, tumiskan patties dalam baki mentega sehingga mencapai kematangan yang diingini.
h) Atas setiap patty dengan campuran bawang.
i) Hidangkan bersama kentang pasli dan timun jeruk jika mahu.

50. Salmon Rebus Norway dengan Mentega Ikan Bilis

BAHAN-BAHAN:
- 1½ sudu besar mentega tanpa garam, dilembutkan
- 1½ sudu besar daun pasli segar dikisar
- ¾ sudu teh pes ikan bilis atau isi ikan bilis tumbuk
- 1 Bawang besar, dihiris
- ⅓ cawan cuka putih suling
- ¼ cawan Gula
- ½ sudu kecil lada hitam
- 1 sudu kecil biji ketumbar
- ½ sudu teh biji sawi
- 1 sudu teh Garam
- Dua stik salmon setebal 1 inci (masing-masing kira-kira 1/2 paun)

ARAHAN:

a) Dalam mangkuk kecil, satukan mentega, pasli cincang, pes ikan bilis dan lada hitam yang baru dikisar secukup rasa. Ketepikan mentega ikan bilis, bertutup.

b) Dalam periuk, satukan hirisan bawang, cuka, gula, lada, biji ketumbar, biji sawi, garam, dan 4 cawan air. Biarkan adunan mendidih dan reneh selama 15 minit.

c) Tapis adunan melalui ayak halus ke dalam kuali yang dalam dan berat yang cukup besar untuk menampung salmon dalam satu lapisan.

d) Masukkan salmon ke dalam cecair pemburuan, biarkan ia mendidih, dan rebus salmon, bertutup, selama 8 hingga 10 minit atau sehingga ia hanya mengelupas.

e) Pindahkan stik salmon ke dalam pinggan menggunakan spatula berlubang, membenarkan cecair pemburu haram mengalir keluar.

f) Bahagikan mentega ikan bilis yang dikhaskan di antara stik salmon.

51. Roti Daging Sweden

BAHAN-BAHAN:
- 1 cawan Cream of Mushroom Soup
- 1½ paun Daging lembu kisar
- 1 Telur; dipukul sedikit
- ½ cawan serbuk roti, kering halus
- ¼ sudu teh Pala, dikisar
- ½ cawan krim masam

ARAHAN:
a) Dalam mangkuk adunan, satukan daging lembu, telur, serbuk roti, buah pala dan ⅓ cawan Cream of Mushroom Soup dengan teliti.
b) Bentuk adunan padat menjadi bentuk roti dan masukkan ke dalam loyang cetek.
c) Bakar pada suhu 350 darjah selama 1 jam.
d) Semasa roti daging dibakar, campurkan baki Cream of Mushroom Soup dengan krim masam dalam periuk.
e) Panaskan sos, kacau sekali-sekala.
f) Hidangkan sos di atas roti daging yang dibakar.
g) Taburkan dengan buah pala tambahan untuk rasa.
h) Hiaskan dengan hirisan timun jika mahu.

52. Daging Panggang Swedish Dilled

BAHAN-BAHAN:
- ¾ cawan kobis merah, dihiris nipis kertas
- 1 sudu teh Raspberi atau cuka wain merah
- Minyak sayuran
- Garam dan lada tanah segar
- 1 sudu besar krim lobak pedas yang disediakan
- 2 Lefse atau tepung tortilla
- 1 sudu besar Dill segar cincang
- 2 helai daun salad Boston yang besar
- 3 hingga 4 auns daging panggang yang dihiris nipis

ARAHAN:
a) Toskan kubis dengan cuka, minyak sayuran, garam dan lada secukup rasa.
b) Sapukan krim lobak pedas pada tortilla lefse atau tepung; taburkan dengan sedikit dill.
c) Teratas dengan salad, daging panggang, kubis dan baki dill.
d) Gulung seperti burrito.

53.Gravlax (Swedish Gula dan Salt Cured Salmon)

BAHAN-BAHAN:
- 2 fillet salmon potong tengah; kira-kira 1 paun setiap satu, dengan kulit yang tersisa
- ⅔ cawan Gula
- ⅓ cawan garam kasar
- 15 biji lada putih ditumbuk kasar
- 1 tandan besar dill
- 3 sudu besar mustard Dijon
- 1 sudu besar Gula
- 1 sudu besar Cuka
- Garam dan lada putih kisar, secukup rasa
- ½ cawan minyak sayuran
- ½ cawan Dill segar yang dicincang

SOS DILL MUSTARD:
- 3 sudu besar mustard Dijon
- 1 sudu besar Gula
- 1 sudu besar Cuka
- Garam dan lada putih kisar, secukup rasa
- ½ cawan minyak sayuran
- ½ cawan Dill segar yang dicincang

ARAHAN:
a) Keluarkan mana-mana tulang kecil dari fillet dengan sepasang pinset atau playar hidung jarum.
b) Campurkan gula, garam dan lada sulah dalam mangkuk.
c) Tutup bahagian bawah hidangan pembakar dengan ⅓ dill.
d) Gosok separuh daripada campuran gula-garam ke dalam fillet pertama, pada kedua-dua belah, dan letakkan bahagian bawah kulit di atas dill.
e) Tutup dengan ⅓ dill.
f) Sediakan fillet salmon yang lain dengan cara yang sama dan tutup dengan fillet yang tinggal, sisi kulit ke atas, dengan baki dill di atas.
g) Tutup dengan bungkus plastik, letakkan papan pemotong dengan beberapa pemberat berat di atasnya, dan perap di dalam peti sejuk selama 24 jam.
h) Keluarkan dari bungkus plastik dan buang jus terkumpul.
i) Balut semula dan sejukkan selama 24 - 48 jam lagi.
j) Kikis bahan perapan dan potong kertas nipis.

Sos Dill Mustard:
k) Campurkan mustard, gula, cuka, garam, dan lada sulah dalam mangkuk.
l) Pukul minyak perlahan-lahan sehingga adunan pekat.
m) Masukkan dill segar yang dicincang.
n) Hidangkan Gravlax dengan Sos Dill Mustard, hirisan kertas nipis, dan nikmatilah!

54. Salad Ayam Sweden

BAHAN-BAHAN:
- 3 cawan Ayam masak sejuk dipotong dadu
- ½ cawan Mayonis
- ⅓ cawan krim masam
- 2 hingga 3 sudu teh serbuk kari
- Garam dan lada sulah secukup rasa
- Daun salad rangup, basuh dan keringkan
- 2 Telur masak keras, dikupas dan dipotong menjadi kepingan
- 6 buah zaitun yang disumbat, dihiris
- 2 sudu besar Capers, toskan
- 3 sudu besar Acar dill dicincang halus

ARAHAN:
a) Campurkan ayam dengan mayonis, krim masam, dan serbuk kari.
b) Perasakan dengan garam dan lada sulah. Gaul sebati.
c) Sejukkan selama 1 jam atau lebih lama untuk menggabungkan rasa.
d) Apabila sedia untuk dihidang, susun daun salad di atas pinggan.
e) Sudukan salad ayam ke atas salad.
f) Hiaskan dengan telur masak keras, buah zaitun, caper dan jeruk dill cincang.

55. Salmon Ubat Juniper Norway

BAHAN-BAHAN:
- 2 paun fillet Salmon
- ½ cawan buah Juniper
- 2 sudu besar Garam
- 4 sudu besar Gula
- ¼ cawan mustard gaya Dijon
- ½ cawan gula tepung
- ½ sudu besar minyak zaitun
- ½ sudu besar Dill, dicincang halus

SOS MUSTARD:
- Kisar mustard, gula, minyak, dan dill bersama-sama.

ARAHAN:
a) Basuh salmon, keringkan, dan keluarkan sebarang tulang.
b) Hancurkan buah juniper dalam pemproses makanan atau pengisar.
c) Gaulkan garam dan gula sebati.
d) Gosokkan campuran garam dan gula ke dalam kedua-dua belah salmon. Letakkan salmon rata, kulit menghadap ke bawah, dalam kuali.
e) Sapukan buah juniper yang dihancurkan ke atas bahagian atas salmon. Tutup dengan kerajang dan letakkan pemberat (seperti beberapa tin makanan atau papan kecil dengan satu atau dua tin) di atasnya.
f) Sejukkan selama 48 jam, putar salmon beberapa kali. Simpan berat di atas salmon.
g) Kikis beri juniper, potong salmon menjadi kepingan nipis, dan hidangkan dengan sos mustard.

Sos sawi:
h) Campurkan mustard gaya Dijon, gula tepung, minyak zaitun, dan dill yang dicincang halus bersama-sama.
i) Nikmati Salmon Juniper-Cured Norway yang lazat!

56.Steak Gaya Sweden

BAHAN-BAHAN:
- 2 paun stik bulat tanpa tulang
- Garam dan lada
- 1 sudu teh rumpai dill
- 1 bawang sederhana, dihiris
- 1 kiub bouillon daging lembu, hancur
- ½ cawan air
- ¼ cawan tepung
- ¼ cawan air
- 1 cawan krim masam

ARAHAN:
a) Potong stik ke dalam kepingan saiz hidangan. Taburkan dengan garam dan lada sulah. Letakkan dalam periuk masak perlahan.
b) Masukkan dill, bawang, kiub bouillon, dan ½ cawan air.
c) Tutup dan masak dengan api rendah selama 6 hingga 8 jam.
d) Keluarkan daging.
e) Pekatkan jus dengan tepung yang dilarutkan dalam ¼ cawan air. Hidupkan kawalan ke atas dan masak selama 10 minit atau sehingga sedikit pekat.
f) Kacau dalam krim masam.
g) Tutup api.

57. Sup Kacang Norway

BAHAN-BAHAN:
SUP:
- 1 paun kacang belah kering
- 2 liter Air
- 2 biji Bawang besar, dihiris halus
- 3 lobak merah besar, potong dadu halus
- 2 rusuk saderi, potong dadu halus
- 1 Kentang sederhana, dipotong dadu halus
- Garam, secukup rasa
- Lada, secukup rasa

BOLA DAGING:
- 1 paun sosej babi
- ½ cawan kuman gandum

HIASAN:
- pasli cincang

ARAHAN:
SUP:
a) Masukkan semua bahan (kacang pis, air, bawang, lobak merah, saderi, kentang, garam dan lada sulah) dalam periuk sup dan reneh perlahan selama dua jam.
b) Masukkan bahan perasa secukup rasa.

BOLA DAGING:
c) Bentukkan sosej babi menjadi bebola kecil.
d) Gulung bebola babi dalam kuman gandum.
e) Perlahan-lahan letakkan bebola babi ke dalam sup.
f) Reneh perlahan-lahan selama satu jam lagi atau sehingga sup habis.
g) Hiaskan setiap mangkuk dengan pasli cincang.
h) Nikmati Sup Kacang Norway yang lazat!

58. Salmon Dengan Bawang Bakar

BAHAN-BAHAN:
- 2 cawan kerepek kayu keras, direndam dalam air
- 1 bahagian besar ikan salmon Norway yang diternak (kira-kira 3 paun), tulang pin dikeluarkan
- 3 cawan Air garam Merokok, dibuat dengan vodka
- ¾ cawan Sapuan Merokok
- 1 sudu besar rumpai dill kering
- 1 sudu kecil serbuk bawang
- 2 biji bawang merah besar, potong bulat setebal -inci
- ¾ cawan minyak zaitun extra-virgin 1 tandan dill segar
- Kulit parut halus 1 lemon 1 ulas bawang putih, dikisar
- Garam kasar dan lada hitam yang dikisar

ARAHAN:

a) Masukkan salmon ke dalam beg berkunci zip jumbo (2 galon). Jika anda hanya mempunyai beg 1 gelen, potong ikan separuh dan gunakan dua beg. Masukkan air garam ke dalam beg, tekan udara, dan tutup. Sejukkan selama 3 hingga 4 jam.

b) Campurkan semua kecuali 1 sudu besar sapuan dengan dill kering dan serbuk bawang dan ketepikan. Rendam hirisan bawang dalam air batu. Panaskan gril untuk api perlahan tidak langsung, kira-kira 225¡F, dengan asap. Toskan serpihan kayu dan masukkannya ke gril.

c) Keluarkan salmon dari air garam dan keringkan dengan tuala kertas. Buang air garam. Salutkan ikan dengan 1 sudu besar minyak dan taburkan bahagian daging dengan sapuan yang telah mengeringkan dill di dalamnya.

d) Angkat bawang dari air ais dan keringkan. Sapukan dengan 1 sudu besar minyak dan taburkan dengan baki 1 sudu besar sapuan. Ketepikan ikan dan bawang untuk berehat selama 15 minit.

e) Sapu parut gril dan sapu dengan minyak. Letakkan salmon, bahagian daging ke bawah, terus di atas api dan panggang selama 5 minit sehingga permukaannya berwarna perang keemasan. Dengan menggunakan spatula ikan besar atau dua spatula biasa, pusingkan kulit ikan ke bawah dan letakkan pada jeriji gril jauh dari api. Letakkan hirisan bawang terus di atas api.

f) Tutup panggangan dan masak sehingga salmon padat di luar, tetapi tidak kering, dan tahan di tengah, kira-kira 25 minit. Apabila selesai, lembapan akan menembusi permukaan apabila ikan ditekan perlahan-lahan. Ia tidak sepatutnya mengelupas sepenuhnya di bawah tekanan.

g) Balikkan bawang sekali semasa masa memasak.

SISI DAN SALADS

59.Salad Daging Norway

BAHAN-BAHAN:
- 1 cawan julienne jalur daging lembu, daging lembu atau kambing yang dimasak
- 1 cawan julienne jalur ham yang dibakar atau direbus
- 1 sudu besar Bawang kisar
- 6 sudu besar minyak salad
- 2 sudu besar cuka sider
- ½ sudu teh Lada
- 1 sudu teh pasli cincang
- ¼ cawan krim pekat atau krim masam
- 1 biji telur rebus, dihiris
- 1 bit rebus atau jeruk, dihiris

ARAHAN:
a) Campurkan daging yang dipotong dengan bawang kisar.
b) Pukul bersama minyak, cuka, lada, dan pasli.
c) Kacau krim ke dalam dressing.
d) Campurkan dressing dengan daging, gaul rata.
e) Hiaskan dengan hirisan telur dan bit.
f) Hidangkan Salad Daging Norway ini sebagai salad hidangan utama. Nikmati!

60. Bawang Rangup Denmark

BAHAN-BAHAN:
- 4 biji Bawang Besar Berdaging Putih
- ½ cawan Tepung Serbaguna, Tidak Diayak
- 1½ inci Minyak Salad

ARAHAN:
a) Kupas dan hiris bawang merah nipis. Pisahkan kepingan ke dalam cincin dan masukkan ke dalam beg besar dengan tepung.
b) Tutup beg dan goncang untuk menyalut cincin.
c) Dalam periuk 3 liter yang dalam pada api yang tinggi, bawa minyak salad hingga 300 darjah.
d) Masukkan kira-kira ⅓ bawang ke dalam minyak dan masak selama kira-kira 10 minit atau sehingga bawang berwarna perang keemasan. Kawal selia haba untuk mengekalkan suhu 275 darjah.
e) Kacau bawang dengan kerap. Dengan sudu berlubang, angkat bawang dari minyak dan toskan pada bahan penyerap. Keluarkan mana-mana zarah yang coklat lebih cepat daripada yang lain untuk mengelakkannya daripada hangus.
f) Masak bawang yang tinggal dalam minyak, mengikut prosedur yang sama.
g) Hidangkan bawang suam atau sejuk. Apabila benar-benar sejuk, simpan kedap udara untuk kegunaan kemudian.
h) Simpan di dalam peti sejuk sehingga tiga hari atau 1 bulan di dalam peti sejuk.
i) Hidangkan terus dari peti sejuk atau peti sejuk. Untuk memanaskan semula, sapukan dalam satu lapisan dalam kuali cetek dan masukkan ke dalam ketuhar 350 darjah selama 2 atau 3 minit.

61. Tomato Panggang Keju Feta Denmark

BAHAN-BAHAN:
- 3 biji tomato besar, belah dua
- Sedikit lada
- ½ cawan Mayonis
- ½ cawan keju Feta Denmark, hancur halus
- 1 sudu besar Bawang hijau dihiris
- ⅛ sudu teh thyme kering

ARAHAN:
a) Inti tomato sedikit, kemudian taburkannya dengan lada.
b) Dalam mangkuk, campurkan bersama mayonis, keju Feta Denmark, bawang hijau cincang dan thyme kering.
c) Sudukan adunan Feta ke dalam bahagian tomato.
d) Bakar selama kira-kira 5 minit atau sehingga bahagian atasnya berwarna perang keemasan.

62. Lobster Norway dengan Salad Kentang dan Krim

BAHAN-BAHAN:
MAYONIS (RESEPI ASAS):
- 3 biji kuning telur segar (kecil)
- 1 sudu besar cuka wain putih
- 1 sudu teh jus lemon
- 1 sudu teh mustard halus Dijon berkualiti baik
- Garam laut dan lada hitam tanah segar
- 150 mililiter Minyak zaitun berkualiti baik (1/4 pain)
- 290 mililiter Minyak salad berkualiti baik (minyak bunga matahari, tetapi bukan soya) (1/2 pain)
- 1 secubit gula kastor

SALAD KENTANG NOSH:
- 450 gram kentang baru kecil (1 lb)
- 6 biji bawang besar, dihiris nipis pada pepenjuru
- 150 mililiter Mayonis (1/4 pain) (lihat resipi di atas)
- 4 sudu besar Krim masam
- 3 sudu besar daun kucai segar yang dicincang halus
- Garam laut dan lada hitam tanah segar

LOBSTER:
- 1 udang galah (1.5 hingga 2.5 lb)
- 180 gram garam laut (6 oz)
- 1 gelen Air
- 1 biji cili merah dihiris halus (dibuang biji dan dibuang biji)
- 2 ulas bawang putih, ditumbuk

ARAHAN:
MAYONIS (RESEPI ASAS):
a) Campurkan kuning telur dengan cuka dan biarkan selama 5-10 minit, kacau sekali atau dua kali.
b) Pukul kuning dengan garam dan mustard. Tuangkan minyak campuran, masukkannya dengan teliti, pukul sepanjang masa, sehingga separuh minyak digunakan.
c) Masukkan jus lemon dan terus tuang dan pukul minyak.
d) Sesuaikan perasa. Jika mayo kelihatan terlalu nipis atau terbelah, pukul satu lagi kuning telur dalam mangkuk yang berasingan dan tuangkan adunan asal secara beransur-ansur, pukul sebati.

SALAD KENTANG NOSH:

e) Rebus kentang dalam air masin sehingga lembut tetapi dengan bahagian tengah 'lilin'. Segarkan dalam air ais, toskan dengan baik, dan kupas kulitnya. Potong bulat nipis.
f) Masukkan hirisan daun bawang ke dalam mayonis dan krim masam. Perasakan dengan garam dan lada hitam tanah segar.
g) Masukkan hirisan kentang, kacau perlahan-lahan tetapi sebati. Masukkan daun kucai dan lipat. Jika adunan terasa terlalu kering, masukkan lagi mayonis sehingga lembab.

LOBSTER:
h) Rebus udang galah dalam kuali besar berisi air masin mendidih selama 10-15 minit sehingga 1.5 lb dan 15-20 minit sehingga 2.5 lb.
i) Udang galah dimasak apabila air mendidih perlahan-lahan. Potong udang galah separuh.
j) Keluarkan perut dan usus, bersihkan yang lain, dan nikmati.
k) Untuk menghidang, masukkan cili merah dan bawang putih yang ditumbuk halus ke dalam adunan mayo. Letakkan dollop di ruang yang ditinggalkan oleh penyingkiran perut.

63. Kacang Bakar Sweden

BAHAN-BAHAN:
- ¾ cawan bawang besar yang dihiris nipis
- ½ cawan lobak merah dipotong dadu
- 1 sudu besar bawang putih cincang
- 1 sudu besar minyak zaitun
- ⅓ cawan wain putih
- 3 cawan kacang Sweden Esther yang dimasak
- ⅓ cawan molase gelap
- 2 sudu besar kicap
- 1 sudu besar mustard Dijon
- garam; untuk rasa
- Lada hitam yang baru dikisar; untuk rasa

ARAHAN:
a) Panaskan ketuhar hingga 350 darjah.
b) Dalam kuali tumis, tumis bawang besar, lobak merah, dan bawang putih dalam minyak zaitun dengan api sederhana sehingga perang sedikit.
c) Satukan dengan baki bahan dan masukkan ke dalam kaserol yang disapu sedikit mentega atau minyak.
d) Bakar tanpa penutup selama 35 hingga 40 minit.

64. Epal Bakar Norway

BAHAN-BAHAN:
- 2 Epal Pembakar Merah Besar
- 4 auns Keju Gjetost, 1 cawan dicincang
- ⅓ cawan Pecan cincang
- ¼ cawan Kismis
- 2 sudu besar Gula Perang
- ½ sudu teh Kayu Manis
- ⅛ sudu teh Pala

ARAHAN:
a) Potong epal pembakar merah besar separuh dan keluarkan inti untuk membuat bahagian epal.
b) Dalam hidangan selamat gelombang mikro 8 inci, gabungkan keju Gjetost yang dicincang, pecan cincang, kismis, gula perang, kayu manis dan buah pala.
c) Sudukan bahagian campuran yang sama ke dalam dan ke atas setiap separuh epal.
d) Ketuhar gelombang mikro pada suhu tinggi selama 5 hingga 6 minit, putar hidangan selepas 3 minit (atau gunakan meja putar).
e) Tutup dengan bungkus plastik dan biarkan selama 3 minit.

65. Gulung Kubis Denmark

BAHAN-BAHAN:
- 1 kubis hijau sederhana
- ½ sudu teh Garam
- 2 sudu besar Marjerin
- ½ cawan bawang cincang
- ¾ cawan saderi dipotong dadu
- 1 lobak merah, dicincang kasar
- 1 paun daging lembu kisar tanpa lemak
- ½ paun Keju Havarti yang dihiris
- ¾ cawan bir
- ½ cawan sos cili
- ½ cawan Havarti yang dicincang

ARAHAN:
a) Bilas kubis dalam air sejuk dan keluarkan daun luar.
b) Letakkan kubis dalam cerek besar dengan 2 cawan air mendidih. Tutup rapat. Didihkan dan kecilkan api. Masak selama lebih kurang 3 minit.
c) Mula mengupas daun dan menyusunnya di atas loyang yang besar. Gunakan pisau tajam untuk memotong tulang rusuk yang berat supaya daun kubis yang diisi mudah digulung.
d) Susun 8 helai daun besar dan letakkan daun yang lebih kecil di atas.
e) Dalam kuali besar, cairkan marjerin. Masukkan bawang, saderi, dan lobak merah.
f) Masukkan daging lembu dan coklat. Masak tanpa penutup selama kira-kira 5 minit.
g) Letakkan sekeping keju Havarti pada setiap daun kubis. Isikan setiap satu dengan kira-kira ½ cawan campuran daging.
h) Lipat dua bahagian di atas pemadat dan gulung. Susun gulungan kubis dalam loyang (8½ x 12 inci) dengan bahagian jahitan ke bawah.
i) Tuangkan bir. Tutup pinggan dengan ketat dengan kerajang.
j) Bakar pada suhu 350 darjah selama 30 minit.
k) Keluarkan foil dan sudu bir ke atas kubis.
l) Sudukan sos cili kisar dengan keju parut di atasnya.
m) Kembali ke ketuhar dan bakar tanpa penutup selama 5 minit tambahan.
n) Nikmati Danish Cabbage Rolls anda!

66. Swedish Cole-Slaw dengan Adas

BAHAN-BAHAN:
- 1 adas keseluruhan
- 1 lobak merah
- 1 ulas Bawang Putih
- 2 sudu besar Cranberry Kering
- 2 sudu besar Cuka Wain Merah
- 2 sudu besar Madu
- 2 sudu besar Minyak Sayur
- Garam dan lada sulah secukup rasa

ARAHAN:
a) Hiris halus adas.
b) Parut lobak merah.
c) Parut ulas bawang putih.
d) Dalam mangkuk adunan sederhana, campurkan adas, lobak merah, cranberi, dan bawang putih.
e) Dalam mangkuk yang berasingan, sediakan sos dengan mencampurkan cuka wain merah, madu, minyak sayuran, garam dan lada.
f) Masukkan sos ke dalam bancuhan seladaaw, sesuaikan dengan rasa.
g) Biarkan ia duduk selama sekurang-kurangnya 4 jam untuk membenarkan perisa sebati, dan agar adas menjadi perap.

67.Rutabagas Sweden

BAHAN-BAHAN:
- 2 Rutabagas sederhana, dikupas, dibelah empat, dan dihiris 1/4" tebal
- 2 sudu besar gula perang
- ½ sudu teh halia dikisar
- ½ sudu teh Garam
- ⅛ sudu teh Lada
- 2 sudu besar Mentega

ARAHAN:
a) Masak rutabagas dalam air masin mendidih; longkang.
b) Dalam mangkuk, satukan gula perang, halia, garam dan lada sulah. Gaul sebati.
c) Masukkan campuran gula dan rempah bersama mentega ke rutabagas.
d) Kacau perlahan-lahan dengan api perlahan sehingga gula cair, lebih kurang 2 hingga 3 minit.

68. Salad Timun Denmark

BAHAN-BAHAN:
- 3 Timun besar, dikupas
- garam
- ⅔ cawan cuka putih
- ½ cawan Air
- ½ cawan Gula
- ½ sudu teh Garam
- ¼ sudu teh lada putih
- 2 sudu besar daun dill segar, dicincang atau
- 1 sudu besar Dill kering
- Tomato ceri merah/kuning (untuk hiasan)

ARAHAN:
a) Potong timun sangat nipis. Susunkannya secara berlapis dalam mangkuk bukan aluminium, taburkan setiap lapisan dengan garam.
b) Letakkan pinggan di atas timun dan beban berat di atas hidangan. Biarkan mereka kekal pada suhu bilik selama beberapa jam atau semalaman di dalam peti sejuk.
c) Toskan timun dengan teliti. Keringkan pada tuala kertas. Kembali ke mangkuk.
d) Dalam kuali kecil, panaskan hingga mendidih cuka, air, gula, garam dan lada sulah.
e) Kecilkan api dan reneh selama 3 minit, kacau sehingga gula larut.
f) Tuangkan adunan panas ke atas timun.
g) Taburkan dengan dill cincang. Sejukkan selama 3 hingga 4 jam.
h) Toskan timun dan hidangkan dalam mangkuk kaca, dikelilingi oleh tomato ceri.

69.Kentang Parsley Norway

BAHAN-BAHAN:
- 2 paun Kentang baru merah kecil
- ½ cawan Mentega atau marjerin
- ¼ cawan pasli segar, dicincang
- ¼ sudu teh marjoram kering

ARAHAN:
a) Masak kentang dalam air masin mendidih selama 15 minit atau sehingga empuk.
b) Sejukkan sedikit kentang. Dengan pisau tajam, keluarkan satu jalur kulit sempit di sekeliling tengah setiap kentang.
c) Dalam kuali besar, cairkan mentega. Masukkan pasli dan marjoram.
d) Masukkan kentang dan kacau perlahan sehingga bersalut dan panas.

SUP BUAH-BUAHAN

70.Sup Epal Denmark

BAHAN-BAHAN:
- 2 biji Epal besar, dibuang biji, dikupas
- 2 cawan Air
- 1 batang kayu manis
- 3 biji cengkih keseluruhan
- ⅛ sudu teh Garam
- ½ cawan Gula
- 1 sudu besar Tepung jagung
- 1 cawan plum prun segar, tidak dikupas dan dihiris
- 1 cawan pic segar, dikupas dan dipotong
- ¼ cawan wain port

ARAHAN:
a) Satukan epal, air, batang kayu manis, bunga cengkih, dan garam dalam periuk sederhana besar.
b) Kisar gula dan tepung jagung dan masukkan ke dalam adunan epal yang telah ditumbuk.
c) Masukkan plum dan pic dan renehkan sehingga buah-buahan ini lembut dan adunan telah sedikit pekat.
d) Tambah wain pelabuhan .
e) Hidangan individu teratas dengan sebiji krim masam ringan atau yogurt vanila tanpa lemak.

71.Sup Blueberry Norway

BAHAN-BAHAN:
- 1 Sampul surat agar-agar tidak berperisa
- ¼ cawan air sejuk
- 4 cawan jus oren segar
- 3 sudu besar jus lemon segar
- ¼ cawan Gula
- 2 cawan beri biru segar, dibasuh
- Pudina segar, untuk hiasan

ARAHAN:
a) Lembutkan gelatin dalam air sejuk dalam cawan kastard. Letakkan dalam kuali berisi air panas (bukan mendidih) sehingga cair dan sedia untuk digunakan.
b) Campurkan jus oren, jus lemon, dan gula dengan gelatin cair. Kacau sehingga gula dan gelatin larut.
c) Sejukkan sehingga adunan mula pekat.
d) Lipat blueberry ke dalam adunan.
e) Sejukkan sehingga sedia untuk dihidangkan.
f) Sudukan ke dalam cawan bouillon sejuk dan hiaskan dengan pudina segar.
g) Nikmati Sup Blueberry Norway yang menyegarkan!

72. Sup Epal Denmark dengan Buah dan Wain

BAHAN-BAHAN:
- 2 biji Epal besar, dikupas, dikupas dan dipotong menjadi dadu besar
- 2 cawan Air
- 1 batang kayu manis (2 inci)
- 3 biji cengkih keseluruhan
- 1/8 sudu teh Garam
- ½ cawan Gula
- 1 sudu besar Tepung jagung
- 1 cawan Plum prun segar, tidak dikupas & dihiris menjadi bahagian kelapan
- 1 cawan pic segar, dikupas dan dipotong menjadi dadu besar
- ¼ cawan wain port

ARAHAN:
a) Satukan epal, air, batang kayu manis, bunga cengkih, dan garam dalam periuk sederhana besar.
b) Tutup dan masak dengan api sederhana sehingga epal lembut.
c) Keluarkan keseluruhan rempah dan puri dengan memaksa campuran panas melalui penapis kasar.
d) Kisar bersama gula dan tepung jagung dan masukkan ke dalam adunan epal yang telah ditumbuk.
e) Masukkan plum dan pic dan renehkan sehingga buah-buahan ini lembut dan adunan telah sedikit pekat. Ini akan mengambil masa yang sangat singkat.
f) Tambah wain port dan rasa untuk kemanisan, tambah lebih banyak gula jika perlu. Walau bagaimanapun, ingat, rasa sup epal ini mestilah masam.
g) Sejukkan dengan teliti.
h) Hidangan individu teratas dengan sebiji krim masam ringan atau yogurt vanila tanpa lemak.
i) Taburkan krim atau yogurt dengan sedikit buah pala.

73. Sup Manis Denmark

BAHAN-BAHAN:
- 1 liter jus buah merah
- ½ cawan Kismis, keemasan
- ½ cawan kismis
- ½ cawan Prun; atau plum, diadu dan dicincang
- ½ cawan Gula
- 3 sudu besar Tapioca, Minit
- 2 keping Lemon
- Batang Kayu Manis Kecil

ARAHAN:
a) Campurkan jus buah, kismis, kismis, prun, dan gula.
b) Reneh selama beberapa minit dan kemudian masukkan beberapa hirisan lemon dan batang kayu manis kecil.
c) Masukkan ubi kayu.
d) Teruskan memasak sehingga ubi kayu masak jernih, kacau supaya ubi kayu tidak melekat.
e) Sudukan ke dalam pinggan dan hidangkan bersama krim atau Cool Whip.

74.Sup Buah Norway (Sotsuppe)

BAHAN-BAHAN:
- 1 cawan buah prun kering berlubang
- ¾ cawan Kismis
- ¾ cawan aprikot kering
- Air sejuk
- ¼ cawan ubi kayu masak cepat, belum masak
- 2 cawan Air
- 2 sudu besar jus lemon
- 1 cawan jus anggur
- 1 sudu teh Cuka
- ½ cawan Gula
- 1 batang kayu manis

ARAHAN:

a) Satukan prun, kismis dan aprikot dalam periuk 3 liter. Masukkan air secukupnya untuk menutup, lebih kurang 3 cawan. Didihkan dan reneh perlahan-lahan selama 30 minit.

b) Dalam periuk kecil, masak 2 cawan air hingga mendidih. Masukkan ubi kayu dan reneh selama 10 minit.

c) Setelah buah empuk, masukkan ubi kayu yang telah dimasak, jus lemon, jus anggur, cuka, gula, dan batang kayu manis. Didihkan, kemudian reneh selama 15 minit lagi. Keluarkan batang kayu manis. Campuran akan menebal apabila ia sejuk; tambah sedikit lagi air atau jus anggur jika nampak terlalu pekat.

d) Hidangkan panas atau sejuk. Jika dihidangkan sejuk, boleh hias dengan krim putar.

PENJERAHAN

75. Buah Sweden dalam minuman keras

BAHAN-BAHAN:
- 1-pint Beri biru, dikuliti
- 1-pint Raspberi, dikuliti
- 1-pint Strawberi, dikuliti
- 1-pint Kismis merah
- 1 cawan gula pasir
- ⅔ cawan Brandy
- ⅔ cawan Rum ringan
- Krim putar untuk hiasan

ARAHAN:
a) Letakkan beri dan currant merah dalam mangkuk kaca.
b) Masukkan gula, brendi, dan rum, kacau sekali-sekala.
c) Curam semalaman di dalam peti sejuk.

76.Tart konungens pencuci mulut coklat Sweden

BAHAN-BAHAN:

- 2¼ cawan Tepung Serbaguna Terbaik Pillsbury
- ½ cawan gula
- ⅓ cawan koko
- ½ sudu teh Serbuk penaik bertindak dua kali
- ½ sudu teh garam
- ¾ cawan Mentega
- 1 Telur; dipukul sedikit
- 1 sudu besar Susu -Pengisian
- 1 Telur
- ¼ cawan gula
- ¼ cawan Tepung Serbaguna Terbaik Pillsbury
- 1 cawan susu
- 1 sudu kecil Vanila Perancis
- ½ cawan Krim putar -Untuk isi coklat---
- 3 sudu besar koko
- 3 sudu besar Gula -Ais Coklat---
- 2 sudu besar Mentega; cair
- 2 sudu besar koko
- ½ cawan Gula manisan
- 1 Kuning telur
- ¼ sudu teh Vanila Perancis

ARAHAN:

a) BAKAR pada suhu 375 darjah selama 12 hingga 15 minit.
b) Ayak bersama tepung, gula, koko, serbuk penaik, dan garam.
c) Potong mentega sehingga zarah sebesar kacang kecil.
d) Tambah 1 telur yang dipukul sedikit dan 1 kepada sudu susu; kisar dengan garpu atau pengisar pastri.
e) Letakkan di atas loyang besar yang tidak digris.
f) Sapukan di atas lembaran pembakar dengan pin canai tepung kepada segi empat tepat 15 x 11 inci.
g) Potong tepi dengan pisau atau roda pastri. Potong kepada tiga segi empat tepat 11 x 5 inci.
h) Bakar dalam ketuhar sederhana, 375 darjah, selama 12 hingga 15 minit.
i) Sejukkan di atas loyang. Longgarkan dengan berhati-hati dengan spatula.

j) Susun lapisan di atas kadbod yang ditutup dengan kerajang aluminium, sebarkan isian antara lapisan hingga dalam ¼ inci tepi.
k) Atas fros. jika mahu, hias dengan badam cincang panggang. Sejukkan sehingga frosting telah ditetapkan.
l) Balut longgar dalam kerajang aluminium; sejuk semalaman.

PENGISIAN:
m) Pukul 1 biji telur hingga lembut dan kembang.
n) Masukkan gula secara beransur-ansur, pukul sentiasa sehingga pekat dan ringan. Blend dalam tepung.
o) Masukkan secara beransur-ansur susu yang telah melecur di atas double boiler.
p) Kembalikan adunan ke dalam double boiler. Masak di atas air mendidih, kacau sentiasa, sehingga pekat dan licin. Tambah vanila; sejuk.
q) Pukul ½ cawan whipping cream hingga pekat dan masukkan ke dalam inti.
r) Satukan ½ cawan krim putar, koko dan gula. Pukul sehingga pekat.

IKAN COKLAT:
s) Satukan mentega cair, koko, gula gula, kuning telur dan vanila. Pukul hingga rata.

77. Pai Keju Biru Denmark

BAHAN-BAHAN:

KERAK
- 11 auns Roti Pumpernickel (1 roti)
- ½ cawan Mentega (Tanpa Marjerin)

PAI KEJU:
- 2 sampul surat Gelatin Tanpa Perisa
- ½ cawan Air Sejuk
- 4 auns Keju Krim
- ¼ cawan Gula Pasir
- 4 auns Keju Biru Denmark
- 1 cawan Krim Berat
- 1 paun Anggur Hijau Tanpa Biji

ARAHAN:

KERAK
a) Panaskan ketuhar hingga 250 darjah F.
b) Keringkan kepingan roti di dalam ketuhar sehingga ia cukup keras untuk hancur dengan mudah (kira-kira 20 hingga 25 minit).
c) Cairkan mentega.
d) Hancurkan roti, buat kira-kira 1½ cawan serbuk.
e) Masukkan mentega cair dan gula, gaul rata.
f) Tekan serbuk ke dalam loyang pai 9 inci.
g) Naikkan suhu ketuhar kepada 350 darjah F. dan bakar kerak selama 15 minit.
h) Biarkan sejuk sebelum diisi.

PAI KEJU:
i) Dalam periuk bersaiz sederhana, gabungkan gelatin dengan air dan masak dengan api sederhana tinggi, kacau sentiasa, sehingga adunan jelas (kira-kira 6 hingga 8 minit). Sejuk.
j) Dalam mangkuk adunan besar, pukul keju krim sehingga ringan dan licin.
k) Tumbuk keju biru dengan baik dan gabungkan dengan keju krim.
l) Tuangkan campuran gelatin yang telah disejukkan ke dalam mangkuk dengan keju dan gaul rata.
m) Pukul krim sehingga kaku dan masukkan ke dalam adunan keju.
n) Tuangkan inti perlahan-lahan ke dalam kerak yang disediakan.
o) Tekan anggur tegak ke dalam pai, biarkan bahagian atas kelihatan.
p) Sejukkan pai selama beberapa jam atau sehingga ditetapkan.

78. Puding Badam Norway

BAHAN-BAHAN:
- ¼ cawan Tepung jagung
- 1 cawan Susu
- 2 biji telur, dipisahkan
- 1 cawan Krim Berat
- ½ cawan Gula
- ¼ cawan badam, dikisar halus
- 1 sudu besar Rum

ARAHAN:
a) Pukul putih telur sehingga kaku; mengetepikan.
b) Campurkan tepung jagung dengan ¼ cawan susu hingga menjadi pes yang licin. Pukul dalam kuning telur.
c) Dalam periuk, satukan baki susu, krim kental, gula, dan badam yang dikisar halus. Biarkan mendidih.
d) Kecilkan api dan masukkan bancuhan tepung jagung. Masak selama 5 minit dengan api perlahan, kacau sentiasa.
e) Keluarkan dari haba dan kacau dalam rum.
f) Masukkan putih telur yang telah dipukul kaku.
g) Tuangkan adunan ke dalam pinggan hidangan dan sejukkan.
h) Hidangkan bersama sos buah yang hangat.
i) Nikmati Puding Almond Norway yang menarik!

79.Kek Span Sweden

BAHAN-BAHAN:
- 4 biji telur; terpisah
- ½ sudu teh Garam
- 4 sudu besar air sejuk
- 1 cawan tepung kek; atau 3/4 c tepung serba guna ditambah 1/4 c tepung jagung
- 1 sudu teh ekstrak lemon
- 1 cawan Gula; ditapis

ARAHAN:
a) Pukul kuning telur dengan air sejuk sehingga pekat dan kuning pucat.
b) Masukkan ekstrak lemon ke dalam adunan kuning telur.
c) Masukkan gula dan garam yang telah diayak secara beransur-ansur ke dalam kuning telur, dan pukul hingga sebati.
d) Ayak tepung kek 4 kali, dan masukkan ke dalam adunan kuning.
e) Pukul 4 putih telur sehingga menjadi puncak, TETAPI TIDAK KERING. Berhati-hati lipat ke dalam campuran kuning telur.
f) Tuangkan ke dalam kuali tiub atau kuali leper besar 9x13 inci, sapukan bahagian bawah SAHAJA.
g) Bakar dalam ketuhar 325 darjah selama 45 minit.
h) Terbalikkan loyang tiub sehingga kek sejuk.

80. Vegan Swedish Cinnamon Rolls (Kanelbullar)

BAHAN-BAHAN:

doh
- 1 cawan susu badam tanpa gula, sedikit hangat (100°-110°F)
- ¼ cawan mentega vegan, cair
- 2 sudu besar gula organik
- 1 sudu teh yis kering segera ½ sudu teh garam halal
- 2¾ cawan tepung serba guna, dibahagikan

PENGISIAN
- 6 sudu besar mentega vegan, suhu bilik
- 6 sudu besar gula perang organik
- 1 sudu besar kayu manis tanah

CUCI TELUR
- 2 sudu besar susu badam tanpa gula
- 1 sudu teh nektar agave

SAYU
- 2 sudu besar susu badam tanpa gula ½ cawan gula tepung
- ¼ sudu kecil ekstrak vanila gula mutiara Sweden, untuk taburan

ARAHAN:

a) Pukul bersama susu badam, mentega cair, dan gula daripada bahan doh dalam mangkuk adunan yang besar.

b) Taburkan yis ke dalam adunan susu dan biarkan ia kembang selama 5 minit.

c) Masukkan garam halal dan 2¼ cawan tepung ke dalam campuran susu dan yis, kemudian gaul sehingga sebati.

d) Tutup mangkuk dengan tuala atau bungkus plastik dan letakkan di tempat yang hangat untuk mengembang selama 1 jam, atau sehingga saiznya dua kali ganda.

e) Buka tutup dan uli ½ cawan tepung serba guna ke dalam doh yang telah kembang. Teruskan menguli sehingga hilang sifat melekitnya. Anda mungkin perlu menambah tepung tambahan.

f) Canai doh menjadi segi empat tepat yang besar, kira-kira ½ inci tebal. Betulkan bucu untuk memastikan ia tajam dan rata.

g) Sapukan mentega vegan yang telah dilembutkan daripada bahan inti ke atas doh dan taburkan secara rata dengan gula perang dan kayu manis.

h) Gulungkan doh, bentuk kayu balak, dan picit jahitan tertutup. Letakkan jahitan sebelah bawah. Potong sebarang ketidaksamaan pada kedua-dua hujungnya.
i) Potong kayu balak itu separuh, kemudian bahagikan setiap separuh kepada 8 kepingan bersaiz sama rata, kira-kira 1½ inci tebal setiap satu.
j) Alas dulang makanan dengan kertas kertas, kemudian letakkan gulungan kayu manis di atas dulang.
k) Tutup dengan bungkus plastik dan letakkan di tempat yang hangat untuk mengembang selama 30 minit.
l) Pilih fungsi Prapanas pada Ketuhar Pembakar Pembakar Air Fryer, laraskan suhu kepada 375°F, dan tekan Mula/Jeda.
m) Pukul bahan-bahan pencuci telur dan sapu sedikit pencuci pada bahagian atas gulungan kayu manis.
n) Masukkan dulang makanan dengan gulungan kayu manis pada kedudukan tengah dalam ketuhar yang telah dipanaskan.
o) Pilih fungsi Bakar, laraskan masa kepada 18 minit, dan tekan Mula/Jeda.
p) Keluarkan apabila selesai.
q) Pukul susu badam, gula tepung dan ekstrak vanila daripada bahan sayu untuk membuat aising, sapu seluruh gulungan kayu manis, kemudian taburkan gulung dengan gula mutiara Sweden.
r) Sejukkan sebelum dihidangkan, atau makan suam.

81.Kek Kopi Puff Sweden

BAHAN-BAHAN:
- 1 cawan tepung serba guna
- 1/2 cawan mentega sejuk, potong dadu
- 2 sudu besar air batu

TOPPING:
- 1 cawan air
- 1/2 cawan mentega
- 1 sudu teh ekstrak badam
- 1 cawan tepung serba guna
- 3 biji telur besar

GLAZE:
- 1 cawan gula kuih-muih
- 2 sudu besar mentega, dilembutkan
- 1 sudu besar 2% susu
- 1 sudu teh ekstrak badam
- 1 cawan kelapa parut manis

ARAHAN:

a) Panaskan ketuhar hingga 375°.

b) Dalam mangkuk kecil, letakkan tepung; potong mentega hingga lumat. Masukkan air ais perlahan-lahan, toskan menggunakan garpu sehingga doh melekat apabila ditekan. Tekan doh ke dalam 10-in. bulatkan pada loyang yang tidak digris.

c) Topping: Panaskan mentega dan air di atas mendidih dalam periuk besar. Tanggalkan dari haba; campurkan dalam ekstrak. Sekali gus, tambah tepung; pukul sehingga sebati. Masak dengan api sederhana sehingga adunan membentuk bebola dan tarik dari sisi kuali, gaul kuat-kuat. Tanggalkan dari haba; biarkan selama 5 minit.

d) Satu demi satu, masukkan telur; pukul sebati selepas setiap satu hingga sebati. Pukul sehingga berkilat dan licin; sapukan pada pastri.

e) Bakar sehingga perang sedikit selama 30-35 minit; selama 5 minit terakhir, tutup dengan kerajang dengan longgar jika perlu untuk mengelakkan sedutan berlebihan. Pindahkan dari kuali ke rak dawai; biarkan sejuk sepenuhnya.

f) Glaze: Pukul ekstrak, susu, mentega dan gula gula hingga sebati dalam mangkuk kecil. Sebarkan di atas; tabur menggunakan kelapa.

82. Kastard Keju Sweden

BAHAN-BAHAN:
- 2 cawan Susu
- 2 biji telur, dipukul sebati
- Garam, secukup rasa
- Secubit Paprika
- 1 cawan Keju, parut

ARAHAN:
a) Campurkan susu dan telur yang telah dipukul dengan baik.
b) Masukkan garam, paprika, dan keju parut. Gaul sebati.
c) Tuangkan adunan ke dalam acuan yang telah disapu minyak.
d) Tutup dengan kertas dan masukkan ke dalam kuali berisi air panas.
e) Bakar dalam ketuhar 350°F sehingga set.
f) Sejukkan, tidak acuan, dan hidangkan di atas salad dengan pembalut yang diingini.

83. Krim Sweden dengan Beri

BAHAN-BAHAN:
- 1 Sampul surat agar-agar tidak berperisa
- ¼ cawan air sejuk
- 2⅓ cawan krim putar
- 1 karton Strawberi beku atau 2 kotak (kecil) strawberi segar
- 1 cawan Gula
- 1 liter krim masam
- 1 sudu teh ekstrak vanila

ARAHAN:
a) Larutkan gelatin dalam air, biarkan selama 5 minit untuk melembutkan.
b) Letakkan krim dalam periuk; masukkan gula dan gelatin. Panaskan perlahan-lahan sehingga konsisten berkrim, kacau perlahan-lahan.
c) Keluarkan dari api dan sejukkan sehingga pekat. Letakkan di dalam peti sejuk selama 30 hingga 60 minit untuk mempercepatkan penebalan.
d) Apabila separa pekat, masukkan krim masam dan vanila.
e) Tuangkan ke dalam gelas serbet, biarkan ruang untuk beri. Sejukkan selama 8 jam.
f) Keluarkan dari peti sejuk, sudukan beri di bahagian atas krim Sweden. Jus dari buah beri menambah rasa.

84.Kon Denmark

BAHAN-BAHAN:
- ½ cawan Mentega
- ½ cawan Gula
- 5 biji Putih Telur
- 1 cawan Tepung

ARAHAN:
a) Krim mentega, kemudian masukkan gula dan gaul rata.
b) Masukkan tepung yang telah diayak dan masukkan putih telur yang telah dipukul kaku.
c) Sapukan doh dalam loyang kek mentega dan bakar dalam ketuhar sederhana sehingga perang sangat terang.
d) Semasa masih hangat, potong segi empat sama dan bentukkan menjadi Krammerhus atau kon.
e) Sejurus sebelum dihidangkan, isi dengan krim putar yang sedikit manis dan berperisa.

85. Puding Krismas Norway

BAHAN-BAHAN:
- 1 paun Mentega
- 2 cawan Air
- 6 sudu besar Tepung
- 1¼ cawan Tepung
- 6 cawan Susu
- ½ sudu teh Garam
- 1 biji telur dipukul
- 2 sudu teh Gula
- Kayu manis

ARAHAN:

a) Cairkan mentega dan air bersama-sama, biarkan mendidih selama 5 minit.
b) Masukkan 6 sudu besar tepung dan kacau dengan whisk. Biarkan selama beberapa minit dan buang lemak yang keluar (ini akan digunakan kemudian).
c) Masukkan 1¼ cawan tepung dan kacau lagi.
d) Masukkan susu yang telah dipanaskan. Gunakan pengadun elektrik untuk mengelakkan ketulan. Sambil dipukul, masukkan garam, telur yang dipukul, dan gula.
e) Masukkan adunan ke dalam periuk belanga agar tetap hangat, tuangkan lemak skim ke atas puding. Masukkan gula dan kayu manis secukup rasa.
f) Nikmati Puding Krismas Norway anda!

86.Pavlova Lingonberry Sweden

BAHAN-BAHAN:
- 6 biji putih telur
- 1 1/2 cawan gula pasir
- 1 sudu besar tepung jagung
- 1 sudu teh cuka putih
- 1 cawan krim putar
- 1/2 cawan jem lingonberry
- Lingonberi segar untuk hiasan

ARAHAN:
a) Panaskan ketuhar hingga 300°F (150°C). Lapik loyang dengan kertas parchment.
b) Dalam mangkuk adunan besar, pukul putih telur sehingga soft peak terbentuk.
c) Masukkan gula secara beransur-ansur, satu sudu pada satu masa, sambil teruskan pukul putih telur sehingga membentuk puncak kaku.
d) Masukkan tepung jagung dan cuka putih perlahan-lahan.
e) Sendukkan adunan meringue ke atas loyang yang telah disediakan, bentukkan ia menjadi alas pavlova bulat dengan tepi terangkat sedikit.

Bakar selama 1 jam atau sehingga pavlova garing di luar dan lembut sedikit di dalam. Matikan ketuhar dan biarkan pavlova sejuk sepenuhnya di dalam ketuhar.

Setelah pavlova telah sejuk, pindahkan dengan teliti ke dalam pinggan hidangan. Isikan bahagian tengah dengan krim putar dan atas dengan jem lingonberry.

Hiaskan dengan lingonberi segar dan hidangkan.

87.Kek Coklat Sweden

BAHAN-BAHAN:
- 1 cawan Shortening
- 1½ cawan Gula
- 3 biji telur
- 2 auns coklat bakar (tanpa gula), cair
- 2 cawan tepung kek
- 2 sudu teh serbuk penaik
- 1 sudu teh Garam
- ¼ sudu teh Baking soda
- 1 cawan Krim, berat
- 2 sudu teh ekstrak vanila

ARAHAN:
a) Panaskan ketuhar hingga 325 darjah F. Butterkan kuali Bundt dan taburkan dengan kira-kira 2 sudu besar serbuk roti kering, pastikan ia bersalut dengan baik.
b) Dalam mangkuk besar, pukul bersama gula dan pemendekan.
c) Campurkan telur, satu demi satu, pukul dengan baik selepas setiap penambahan.
d) Masukkan coklat cair.
e) Ayak bersama tepung kek, serbuk penaik, garam, dan baking soda.
f) Satukan krim berat dan ekstrak vanila.
g) Masukkan campuran krim dan bahan kering yang telah diayak ke dalam adunan coklat secara berselang-seli, bermula dan berakhir dengan bahan kering.
h) Tuangkan adunan ke dalam loyang yang telah disediakan.
i) Bakar selama 50-60 minit atau sehingga pencungkil gigi yang dimasukkan ke tengah keluar bersih.
j) Sejukkan kek dalam kuali selama beberapa minit sebelum dikeluarkan.

88. Kek Kopi Norway "Kringlas"

BAHAN-BAHAN:
- ½ cawan Marjerin
- 1 cawan Gula
- 1 sudu teh Vanila
- 1 biji telur
- 1 cawan Buttermilk
- 1 sudu teh Baking soda
- 3 cawan Tepung
- 2½ sudu teh serbuk penaik
- 1 sudu teh Garam

ARAHAN:

a) Gaulkan vanila dan telur hingga sebati. Tambah buttermilk dan soda (atau 7up), dan ayak bahan kering ke dalam adunan ini.

b) Masukkan bahan-bahan lain, gaul rata. Letakkan bekas di dalam peti sejuk dan sejukkan semalaman.

c) Keluarkan doh yang telah sejuk dan gulungkan kepingan kecil menjadi jalur panjang. Bentuk mereka menjadi bentuk angka lapan (seperti pretzel). Kembalikan mereka ke dalam peti sejuk selama kira-kira sejam, membolehkan mereka naik ke ketinggian yang dikehendaki.

d) Panaskan ketuhar hingga 450 darjah Fahrenheit. Bakar kringlas dalam ketuhar yang telah dipanaskan selama lebih kurang 6 hingga 8 minit. Perhatikan mereka kerana masa membakar mungkin berbeza mengikut keadaan cuaca. Mereka harus berwarna coklat muda sebelum mengeluarkannya dari ketuhar.

e) Penyejukan adalah langkah utama dalam pembuatan "Kringla". Walaupun anda boleh membakarnya tanpa penyejukan, rasa dipertingkatkan apabila ia sejuk. Nikmati Kek Kopi Norway buatan sendiri "Kringlas" anda!

89. Epal Denmark dan Kek Prun

BAHAN-BAHAN:
- 5 auns Mentega
- 7 auns gula kastor
- 2 biji telur, dipukul sebati
- 3 auns tepung naik sendiri
- 4 auns badam dikisar
- 4 auns Susu
- 1 sudu teh Vanila
- 1 sudu besar air mendidih
- ½ sudu teh serbuk penaik
- 8 buah prun yang direjam, dicincang
- 4 auns Kacang walnut yang dikupas, dicincang halus dan dicampur dengan 2 sudu besar gula
- 2 biji epal hijau, dihiris dan dihiris
- 3 sudu besar Gula
- Serbuk kayu manis
- Mentega

ARAHAN:
a) Krim bersama semua bahan untuk adunan dalam pemproses makanan, jalankan selama 10 saat.
b) Jalankan spatula di sekeliling mangkuk dan proses selama 5 saat lagi.
c) Tuangkan adunan ke dalam loyang bulat 10 inci yang telah disapu mentega.
d) Letakkan prun pada adunan.
e) Sudukan ke atas adunan walnut dan gula.
f) Susun hirisan epal di atas walnut.
g) Bakar dalam ketuhar 375 darjah yang telah dipanaskan selama 45 minit.
h) Taburkan permukaan dengan gula dan kayu manis.
i) Taburkan dengan mentega dan bakar selama 20 hingga 25 minit lagi, atau sehingga lidi keluar bersih.
j) Nikmati Kek Epal dan Prun Denmark anda!

90.Pencuci mulut Rhubarb Norway

BAHAN-BAHAN:
- 1½ paun Rhubarb
- 1½ cawan Air
- ¾ cawan Gula
- ½ sudu teh Vanila
- 3 sudu besar Tepung jagung
- 1 cawan krim kental
- ¼ cawan Gula
- 1 sudu teh Vanila

ARAHAN:
a) Basuh rhubarb, potong, dan potong menjadi kepingan ½ inci.
b) Satukan rhubarb dengan air dan gula, kemudian reneh hingga lembut.
c) Masukkan vanila.
d) Kisar tepung jagung dengan sedikit air sejuk untuk membuat pes kaku yang licin.
e) Kacau sentiasa, masukkan pes tepung jagung ke dalam rhubarb dan masak selama 5 minit atau sehingga pekat dan jelas.
f) Tuangkan adunan ke dalam pinggan hidangan kaca.
g) Pukul krim kental sehingga berbuih.
h) Masukkan gula dan vanila ke dalam krim putar, dan teruskan sebat sehingga kaku.
i) Sapukan krim putar melalui tiub pastri dalam pusaran hiasan di atas kolak rhubarb.
j) Sebagai alternatif, tutup bahagian atas dengan sudu krim putar.
k) Jika anda lebih suka menghidangkan tanpa krim putar, anda juga boleh menghidangkannya dengan sedikit susu dituangkan pada setiap bahagian.

91. Tosca Sweden

BAHAN-BAHAN:
KEK:
- ½ cawan air mendidih
- ¼ cawan oat gulung
- ½ cawan gula perang yang dibungkus padat
- ½ cawan Gula
- 3 sudu besar marjerin ringan
- ½ sudu teh ekstrak badam atau kelapa
- 1 cawan tepung serba guna
- ¼ cawan pengganti telur (atau 1 telur)
- 1 sudu teh serbuk penaik
- ¼ sudu teh Garam
- ¼ cawan oat gulung

TOPPING:
- ¼ cawan gula perang yang dibungkus padat
- 1 sudu besar Tepung
- 2 sudu besar marjerin ringan
- ¼ cawan kelapa
- 2 sudu besar kacang cincang (pilihan)
- 2 sudu besar susu skim
- ¼ sudu teh Vanila

ARAHAN:

a) Panaskan ketuhar hingga 350°F. Sembur kuali persegi 8" dengan semburan masak nonstick. Ketepikan.
b) Dalam mangkuk kecil, satukan ¼ cawan oat dan air mendidih. Biarkan ia berdiri selama 5 minit.
c) Dalam mangkuk besar, satukan gula, ½ cawan gula perang, 3 sudu besar marjerin, badam atau ekstrak kelapa, dan pengganti telur atau telur. Pukul dengan baik. Masukkan adunan oat dan pukul lagi 2 minit pada kelajuan sederhana.
d) Sudukan sedikit tepung ke dalam cawan penyukat; turun tahap. Masukkan 1 cawan tepung, serbuk penaik, dan garam. Pukul selama 2 minit tambahan.
e) Tuangkan adunan ke dalam loyang yang telah disediakan. Bakar pada 350°F selama 25-30 minit atau sehingga pencungkil gigi keluar bersih.
f) Sementara itu, dalam mangkuk kecil, satukan ¼ cawan oat, ¼ cawan gula perang, dan 1 sudu besar tepung. Gaul sebati. Potong dalam 2 sudu besar marjerin hingga lumat. Masukkan kelapa dan kacang jika digunakan.
g) Masukkan susu dan vanila ke dalam adunan topping dan gaul rata.
h) Sapukan topping ke atas kek panas. Panggang 5-7 inci dari api selama 2-3 minit, berhati-hati agar tidak hangus kek. Panggang hingga berbuih dan keemasan.
i) Sejukkan sedikit di atas rak dawai dan hidangkan hangat.

92.Risiko Norway

BAHAN-BAHAN:
- ¾ cawan beras
- 1 sudu teh Garam
- 4 cawan Susu
- ½ cawan Gula
- ½ sudu teh ekstrak badam
- 1 pain krim pekat, disebat dan dimaniskan secukup rasa
- ½ cawan badam, dicincang
- 1 badam, keseluruhan

ARAHAN:
a) Masak beras dan garam dalam susu dalam double boiler sehingga nasi lembut dan adunan pekat, kira-kira 1½ jam.
b) Masukkan gula dan ekstrak badam. Sejuk.
c) Masukkan badam cincang dan satu badam keseluruhan.
d) Kacau dalam krim putar.
e) Hidangkan dengan sos buah merah (raspberi, strawberi, atau lingonberi).

93. Fondue Denmark

BAHAN-BAHAN:
- 6 auns Bakon tengah tanpa lemak, buang kulitnya dan cincang halus
- 1 Bawang kecil, dicincang halus
- 3 sudu kecil Mentega
- 3 sudu teh tepung biasa
- 8 auns cecair Lager
- 8 auns keju Havarti parut
- 8 auns keju Samso parut
- kecil Gherkin masam manis dan ketulan roti rai ringan, untuk dihidangkan

ARAHAN:

a) Masukkan bacon, bawang dan mentega ke dalam periuk dan masak sehingga bacon keemasan dan bawang lembut.

b) Kacau tepung, kemudian masukkan lager secara beransur-ansur dan masak sehingga pekat, kacau selalu.

c) Masukkan keju, kacau sepanjang masa, dan teruskan memasak sehingga keju cair dan adunan sebati.

d) Tuangkan ke dalam periuk fondue dan hidangkan bersama ikan kembung dan ketulan roti rai ringan.

94. Pai Keju Sweden

BAHAN-BAHAN:
- 1 x Kerak Pai Pastri Asas; 9"
- 2 cawan Keju Kotej
- 3 biji Telur Besar
- ¼ cawan Tepung Tidak Diluntur; Diayak
- ¼ cawan Gula Pasir
- 1 cawan Krim Ringan
- ½ cawan badam; Panggang, Cincang halus

ARAHAN:
a) Panaskan ketuhar hingga 350 darjah F.
b) Tekan keju kotej melalui penapis. Letakkan dalam mangkuk adunan yang besar dan pukul sehingga rata.
c) Masukkan telur, tepung, gula, krim, dan badam cincang halus. Gaul sebati.
d) Tuangkan adunan ke dalam kerak pai pastri 9 inci yang disediakan.
e) Bakar selama kira-kira 45 minit atau sehingga pisau keluar bersih.
f) Keluarkan pai dari ketuhar dan sejukkan sebelum dihidangkan.

95.Tart salmon Norway

BAHAN-BAHAN:
- 10 sudu besar Mentega
- 2 cawan Tepung
- Air; sejuk
- 1 sudu besar Mentega
- 1 besar bawang besar; dicincang
- 1 cawan cendawan; dihiris
- ½ cawan Krim masam
- 1 paun Ikan salmon fillet
- 2 Telur; dipukul ringan
- 2 sudu teh Dill; segar, dicincang
- garam
- Lada
- 1 Putih telur; dipukul sedikit
- 1 cawan Krim masam
- 2 sudu teh daun kucai; dicincang
- 1 sudu kecil Dill; segar, dicincang
- 1 sengkang Serbuk Bawang putih

ARAHAN:

UNTUK MEMBUAT KUIH:

a) Potong Mentega ke dalam tepung dengan pengisar pastri dan masukkan air, sedikit pada masa itu, sehingga doh yang keras terbentuk.

b) Canai dan potong kerak atas dan bawah untuk 12 tart.

UNTUK MEMBUAT PENGISIAN :

c) Dalam kuali, cairkan mentega, masukkan bawang dan perang. Tambah cendawan dan krim masam; reneh selama lima minit dan sejuk. Sementara itu, rebus atau kukus ikan sehingga mudah mengelupas. Toskan ikan dan serpih dalam mangkuk. Campurkan keseluruhan telur dan dill dengan ikan. Perasakan dengan garam dan lada sulah secukup rasa.

d) Blend ikan dan bancuhan cendawan dan sudukan ke dalam kerak bawah. Atas dengan kerak kedua dan picit tepi bersama-sama untuk mengelak.

e) Sapu putih telur ke atas kerak dan tepi atas. Cucuk kerak untuk lubang wap.

f) Bakar 10 minit pada 450 darjah F., atau sehingga kerak berwarna perang keemasan.

UNTUK MEMBUAT TOPPING:

g) Campurkan bersama krim masam dan perasa.

h) Tambah satu sudu pada setiap tart sebelum dihidangkan.

MINUMAN

96.Tuhan Hammer

BAHAN-BAHAN:
- 15 mililiter jus lemon
- 15 mililiter jus oren
- 30 mililiter minuman keras Swedish punch
- 60 mililiter rum putih muda

ARAHAN:
a) Goncang bahan dengan ais dan tapis ke dalam gelas sejuk.
b) Hiaskan menggunakan pintalan kulit oren.

97.Doktor

BAHAN-BAHAN:
- 22 mililiter jus limau
- 45 mililiter rum berumur
- 45 mililiter Swedish punch liqueur

ARAHAN:
a) Goncang bahan dengan ais dan tapis ke dalam gelas sejuk.
b) Hiaskan menggunakan kulit limau nipis.

98. Campuran Kopi Sweden

BAHAN-BAHAN:
- ½ cawan butiran kopi segera
- ¼ cawan gula perang yang dibungkus padat
- ¼ sudu teh kayu manis tanah
- ¼ sudu teh bunga cengkih dikisar
- ¼ sudu teh Pala dikisar
- ¼ sudu teh kulit oren parut

ARAHAN:
a) Satukan semua bahan, kacau rata.
b) Simpan pada suhu bilik dalam bekas kedap udara.
c) Satukan 1 sudu besar campuran kopi dan 1 cawan air mendidih. Teratas dengan krim putar jika mahu.

99.Lembing Sweden

BAHAN-BAHAN:
- 30 mililiter jus limau gedang merah jambu
- 30 mililiter minuman keras Swedish punch
- 60 mililiter wiski bourbon
- ale pahit British

ARAHAN:
a) Goncang tiga bahan pertama dengan ais dan tapis ke dalam gelas sejuk. Teratas dengan bir.
b) Hiaskan menggunakan hirisan limau gedang.

100.Kopi Denmark

BAHAN-BAHAN:
- 8 cawan kopi panas
- 1 cawan rum gelap
- 3/4 cawan Gula
- 2 batang kayu manis
- 12 ulas (seluruh)

ARAHAN:
a) Dalam periuk berat yang sangat besar, satukan semua bahan, tutup dan simpan dengan api perlahan selama kira-kira 2 jam.
b) Hidangkan dalam cawan kopi.

KESIMPULAN

Semasa kami mengakhiri penerokaan "MAKAN SCANDINAVIAN TERBONGKAR", kami merakamkan penghargaan setinggi-tingginya kerana menyertai kami dalam perjalanan kulinari ini melalui rasa yang kaya dan asli di Utara. Kami berharap 100 resipi ini telah membolehkan anda menikmati intipati masakan Scandinavia, membawa rasa keajaiban masakan rantau ini ke dalam rumah anda.

Buku masakan ini lebih daripada sekadar koleksi resipi; ia adalah jemputan untuk merangkul keindahan kesederhanaan, kegembiraan mencipta dari awal dan kepuasan yang datang daripada perkongsian detik-detik indah di sekeliling meja. Sambil anda menikmati hidangan terakhir ciptaan asli Scandinavia ini, kami menggalakkan anda untuk terus menerokai permaidani masakan yang kaya yang ditawarkan oleh Utara.

Semoga "MAKAN SCANDINAVIAN TERBONGKAR" memberi inspirasi kepada usaha kulinari masa hadapan anda, dan semoga citarasa asli Scandinavia terus menyerikan dapur anda dengan kemesraan, kegembiraan dan semangat hospitaliti Nordic. Skål!

www.ingramcontent.com/pod-product-compliance
Lightning Source LLC
Chambersburg PA
CBHW071327110526
44591CB00010B/1056